아동·청소년의 트라우마 치유를 위한

인지행동놀이치료 워크북 116가지 활동

사회·정서 기술 향상 지침서

Lisa Weed Phifer · Laura K. Sibbald 공저

김정민 · 박은 · 정효운 · 홍채영 공역

Trauma-Informed Social-Emotional Toolbox for Children & Adolescents

116 Worksheets & Skill-Building Exercises to Support Safety, Connection & Empowerment

학지사

TRAUMA-INFORMED SOCIAL-EMOTIONAL TOOLBOX
FOR CHILDREN & ADOLESCENTS
116 Worksheets & Skill-Building Exercises to Support Safety,
Connection & Empowerment

역자 서문

최근 트라우마에 대한 사회적 관심이 높아졌으나 여전히 대부분은 트라우마 사건을 막대한 신체적 손상과 생명을 위협하는 재난이나 사고, 폭력 경험으로만 생각하는 경향이 있다. 그러나 트라우마 사건은 부모-자녀 간 갈등, 또래 관계의 어려움, 사랑하는 사람 또는 반려동물의 갑작스러운 죽음, 실패 경험, 지속적인 경제적 곤란이나 건강 문제 등 일상의 경험들로도 구성된다. 이러한 일상적 트라우마의 위협은 아동・청소년에게도 예외일 수 없다.

이 책은 트라우마를 경험한 아동・청소년에게 탁월한 효과가 입증된 근거 기반 치료인 인지행동치료(Cognitive Behavioral Therapy: CBT)를 기반으로, 연령 특성을 고려한 116가지의 다양하고 흥미로운 인지행동놀이치료(Cognitive Behavioral Play Therapy: CBPT) 활동을 제공한다. 이 워크북은 성장기에 트라우마를 경험한 아동과 청소년의 부적응적 사고 및 신념의 변화, 정서 조절, 다양한 상황에서의 대인관계 기술 및 문제 해결 능력의 향상을 목표로 한다.

이 책은 정신 건강 관련 전문가가 트라우마를 경험한 아동・청소년을 대상으로 치료 회기 내에 사용하거나, 아동・청소년의 과제용 또는 부모 상담에서의 교육 자료로 활용할 수 있다. 혹은 가정에서 부모가 자녀와 함께 셀프 헬프(self-help) 워크북으로도 충분히 사용할 수 있다. 바라건대, 이 책이 트라우마로 어려움을 겪는 아동・청소년과 그 가족의 회복에 도움이 될 수 있기를 기대한다.

역자 일동

들어가며

이 워크북은 총 6개의 장으로 구성되며 각 장은 의사소통, 관계, 자기조절 및 자기표현 능력을 향상시키는 데 도움이 되는 도구들을 제공합니다.

제1장 트라우마를 깨닫고 앞으로 나아가기

이 장은 아동 · 청소년과 부모가 트라우마와 만성적인 스트레스, 역경이 무엇인지 이해할 수 있도록 심리교육을 제공합니다. 아동 · 청소년은 두려움을 다루고, 자신의 필요를 표현하는 방법을 배우며, 위협적인 생각이나 사건에 직면했을 때 안전감을 유지할 수 있는 다양한 방법을 브레인스토밍해 볼 것입니다. 또한 트라우마와 스트레스가 아동 · 청소년의 대인관계와 사회 · 정서적 기능에 어떤 영향을 미치는지 알아볼 수 있는 도구가 제공됩니다. 이 장의 목적은 다음과 같습니다.

- 일반적인 사회 · 정서적 발달과 방해 이해하기
- 트라우마 및 스트레스 정의하기
- 사건이 아닌 주관적인 경험에 중점 두기
- 개인적인 경험을 안전하게 이야기할 수 있는 방법 찾기
- 중요한 기억이나 사건 다루기

제2장 안전 기반 만들기

대부분은 안전하고 보호받는 느낌을 당연하게 여깁니다. 그러다 보니 지식을 얻고, 우정을 쌓으며, 삶의 어려움을 극복하는 능력을 키워 주는 다양한 경험에 참여하기 위해선 안전감이 필수적이라는 사실을 깨닫지 못합니다. 트라우마를 경험한 사람들은 안전하고 보호받는 느낌을 경험하는 것에 어려움을 호소합니다. 따라서 트라우마를 경험한 아동 · 청소년은 '안전한 환경'에 대한 구체적인 기준을 세우는 데 도움을 받아야 합니다. 그들은 자신의 감정을 알아차리고, 걱정, 두려움, 스트레스 반응에 대해 생각해 볼 수 있는 안전한 장소를 마련하도록 배워야 합니다. 이 장의 목적은 다음과 같습니다.

- 보호 요인 및 위험 요인 알아보기
- 자신의 스트레스 촉발 요인과 스트레스에 대한 반응 이해하기
- 안전망 만들기
- 가능하다면 규칙적인 일상과 예측성 늘리기

제3장 신뢰와 이해 쌓기

이 장은 관계 내에서 신뢰를 형성하고 유지하는 것에 대해 배웁니다. 다른 사람과의 신뢰를 쌓기 위해, 아동·청소년은 안전감과 유대감을 느껴야 합니다. 관계를 맺을 때는 개인의 다양한 관계 속에서 목적(의미)을 찾고, 적절한 경계를 인식하고 설정하며, 연약함을 드러낼 수 있는 기회를 갖는 것이 중요합니다. 이러한 개념들을 다룸으로써, 아동·청소년은 자기 인식과 자기조절 능력을 향상할 수 있습니다. 더불어 신뢰의 다양한 수준을 이해하여 주변 사람들에게 명확한 기대를 형성하고, 이는 그들이 성장할 수 있는 안전하고 신뢰할 만한 사회적 관계망을 만들 수 있게 도와줄 것입니다. 이 장의 목적은 다음과 같습니다.

- 신뢰가 무엇인지 논의하기
- 신뢰할 만한 사람들과 사회적 관계망 만들기
- 실수해도 괜찮다는 것 수용하기
- 겸손해지는 법 배우기

제4장 다시 경험하기에서 완화시키기로: 자기조절 전략들

이 장은 내면의 대항, 도피 또는 얼어붙기 반응을 다루고, 아동·청소년이 스트레스를 더 잘 견딜 수 있도록 돕습니다. 아동·청소년은 스트레스에 도움이 되지 않는 방식을 파악하고, 감정과 신체 반응을 관리할 수 있는 대처 기술을 배울 것입니다. 이러한 활동들은 아동·청소년, 치료사 그리고 부모가 스트레스에 대한 반응을 알아차리고, 건강한 대처 방법을 찾으며, 앞으로의 어려움에 대비할 수 있는 다양한 '대처 기술 꾸러미'를 개발할 수 있게 도와줍니다. 이 장의 목적은 다음과 같습니다.

- 중요 감정을 안전한 방법으로 다루기
- 자신에게 가장 잘 맞는 대처 기술 찾기

- 대처 전략에 도움을 줄 수 있는 신뢰할 만한 사람들 확인하기
- 현재의 순간에 집중하고 안정감 찾기

제5장 얼음 녹이기: 문제 해결을 위한 다양한 길 만들기

이 장은 아동 · 청소년이 다양한 문제에 직면했을 때 경험하게 되는 '얼어붙는' 순간을 다룹니다(앗! 문제가 생겼어! 망했어!). 문제 해결의 필수 요소는 문제의 범위를 이해하고, 다양한 대응방안을 계획하고, 과제의 우선순위를 정하는 것입니다. 이 장의 활동들은 효과적인 문제 해결 방법을 알려주는 개별 활동지와 시나리오, 도표 등을 포함하고 있습니다. 이 장의 목적은 다음과 같습니다.

- 지혜로운 문제 해결 마인드셋 이해하기
- 상황에 따른 가능한 결과를 이해하고 예측하기
- 의사 결정 기술 강화하기
- 일상의 변화에 대처하고 새로운 것을 시도하는 방법 배우기

제6장 힘 기르기와 자기 돌봄

두려움과 걱정 속에서 살아가는 것은 아동 · 청소년의 자기개념에 영향을 미칠 수 있습니다. 이 장은 내면의 힘을 기르고 자기 돌봄을 향상하기 위한 여러 가지 도구를 제공합니다. 이 장의 활동들은 개인의 강점을 파악하고, 자존감을 높이며, 아동 · 청소년이 자신의 목소리를 낼 수 있도록 돕는 데 초점을 맞추고 있습니다. 다양한 자기 돌봄 활동도 포함되어 있어 아동 · 청소년과 부모가 자신의 몸과 마음을 보살필 수 있도록 도와줍니다. 이 장의 목적은 다음과 같습니다.

- 개인의 강점과 개성 인식하기
- 다른 사람과 의사소통할 수 있는 자신감 쌓기
- 자신의 의견을 표현할 수 있는 능력 향상하기
- 자기 돌봄, 몸과 마음의 건강함과 회복탄력성의 향상을 위한 전략 개발하기

차례

제4장 다시 경험하기에서 완화시키기로: 자기조절 전략들 99

제5장 얼음 녹이기: 문제 해결을 위한 다양한 길 만들기 137

제 1 장
트라우마를 깨닫고 앞으로 나아가기

트라우마 깨닫기

우리의 삶은 좋은 일, 나쁜 일, 어려운 일과 같은 다양한 경험으로 이루어져 있습니다. 일반적으로 우리는 '예상치 못한 일'로 혼란을 겪게 되면, 가족과의 건강한 관계, 지지적인 친구들 그리고 잘 발달시킨 대처 능력들을 통해 회복할 수 있습니다. 그러나 그 일이 큰 변화를 일으키거나, 혼란스러운 감정이나 지속적인 스트레스를 일으킬 때, 그것은 트라우마가 될 수 있습니다. 트라우마는 사람마다 주관적으로 느끼는 것이기 때문에, 이러한 경험이 한 사람의 삶에 얼마나 큰 영향을 미칠지는 사건 자체보다 사건에 대한 개인의 반응에 따라 달라집니다.

앞으로의 활동에서 아동 · 청소년과 부모는 사회 · 정서 기술의 일반적인 발달과 유대감, 신뢰, 감정 그리고 자기조절의 중요성에 대해 배우게 될 것입니다. 다른 활동들에서는 트라우마와 만성적인 스트레스가 무엇인지, 트라우마를 겪은 후에 생길 수 있는 변화나 문제들에 대해서도 다루고 있습니다. 이러한 활동들은 트라우마를 경험할 때 나타나는 일반적인 반응을 이해하고 개인적인 경험을 공유하는 데 도움을 줍니다. 그리고 아동 · 청소년이 안전하고 위협적이지 않은 방식으로 자신의 경험에 대해 이야기할 수 있도록 도와줍니다.

부모용 활동지

사회 · 정서 발달 체크리스트

아동 · 청소년의 발달은 생물학적 요인과 환경적 요인의 조화로 이루어집니다. 이를 통해 아동 · 청소년은 유대감, 안전감, 수용에 대한 믿음을 가지게 되며, 이 믿음은 아동 · 청소년의 사회 · 정서 능력 발달에 중요한 역할을 합니다. 다음은 생애 발달 단계별 기본 기술들을 간단히 요약한 것입니다. 여러분의 자녀가 이러한 기술을 보였던 시기의 기억을 떠올려 보세요. 다음의 각 발달 단계에서의 기술들을 살펴보고 괄호 안에 체크해 보세요.

- ☑ 다른 사람들과 신뢰 관계를 맺거나 유대감을 형성했던 주요 사건에 세모 표시해 보세요.
- ☑ 정서 발달을 보여 주는 주요 사건에 동그라미 표시해 보세요.
- ☑ 자신에 대해 알게 되거나 독립성을 보여 주었던 주요 사건에 별 표시해 보세요.

영아 및 유아기

(　　　) 다른 사람의 얼굴을 인식하고 표정을 모방함

(　　　) 부모와 함께 자신의 감정을 조절해 가는 법을 배움

(　　　) 부모의 지속적인 반응을 통해 안정감을 느낌

(　　　) 유아 때 간단한 규칙과 일과에 따르는 것을 배움

(　　　) 유아 때 배변 처리, 식사, 옷 입기를 스스로 할 수 있게 됨

(　　　) 유아 때 상상 놀이를 시작함

이 발달 단계에서 여러분이 기억나는 것을 작성해 보세요.

초등학생 시기

(   ) 또래 친구들과 모임을 가지기 시작함
(   ) 감정을 알아차리고 다양한 감정을 표현함
(   ) 행동과 결과를 연결하는 법을 배움
(   ) 스스로 문제를 해결해 가기 시작함
(   ) 다른 사람들의 입장을 이해하고 공감을 표현하기 시작함
(   ) 스스로 의사 결정을 내릴 수 있게 됨

이 발달 단계에서 여러분이 기억나는 것을 작성해 보세요.

청소년기 및 그 이후 시기

(   ) 자신에 대해 더 잘 알게 됨
(   ) 핵심적인 문제 해결 기술들을 배움
(   ) 가족보다는 친구들의 지지가 더 중요함
(   ) 고유한 정체성이 발달함
(   ) 목표를 설정하기 시작함
(   ) 자기 성찰 능력이 발달함

이 발달 단계에서 여러분이 기억나는 것을 작성해 보세요.

아동·청소년용 활동지

사회 · 정서 기술 방패

사회 · 정서 기술을 방패라고 생각해 보세요. 이 방패는 여러분이 일상에서 어려움을 맞설 수 있게 도와주고, 중요한 일을 하는 데 필요한 자신감을 줍니다. 각각의 방패에는 자신의 감정을 조절하고, 다른 사람들과 연결되고, 문제를 해결하고, 자신감을 키우는 데 도움을 주는 기술들이 있습니다. 다음 목록에 제시된 네 가지 방패의 이름을 살펴본 다음 여러분에게 가장 강한 방패, 즉 여러분의 강점이 되는 방패를 색칠해 보세요.

방패 이름표:	감정 조절	문제 해결	유대감	힘 기르기

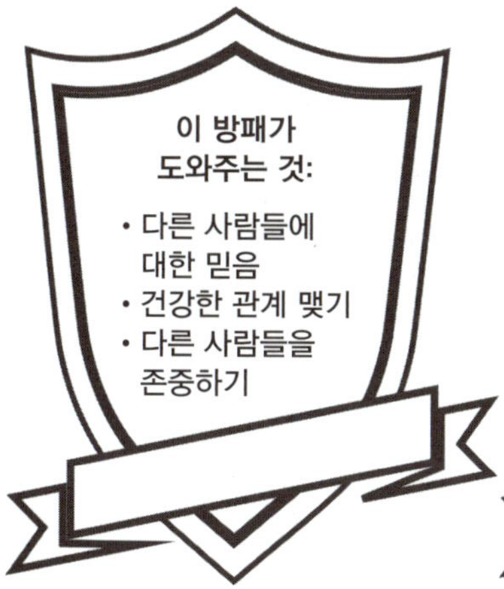

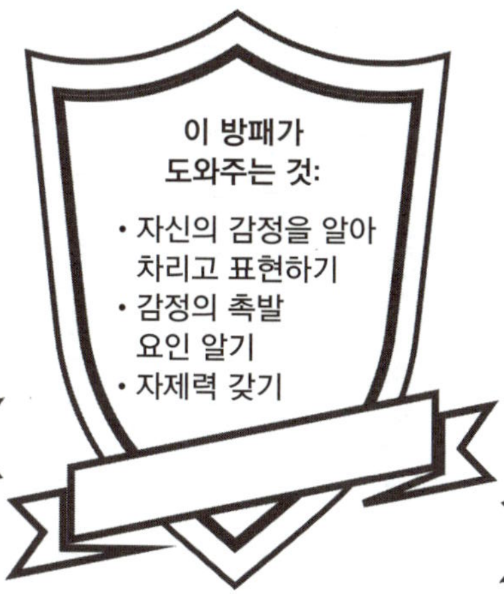

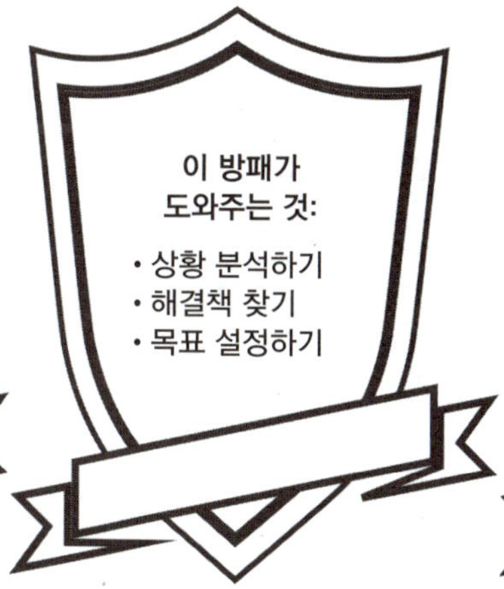

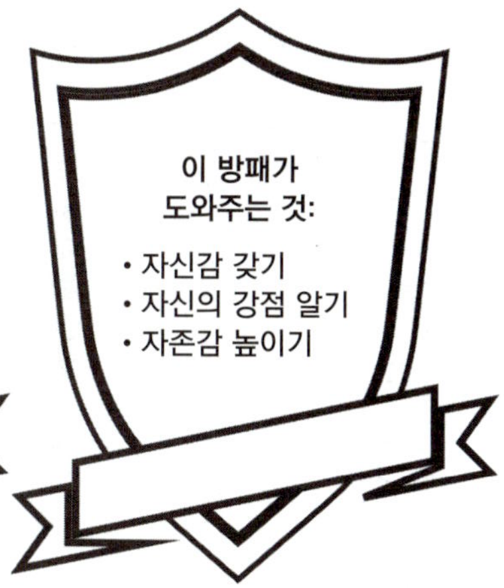

치료 회기 활동

도움이 되는 스트레스 혹은 해로운 스트레스

스트레스가 항상 나쁜 것은 아닙니다. 예를 들어, 도움이 되는 스트레스는 우리가 더 열심히 일하거나, 더 빨리 달리거나, 제시간에 과제를 끝내기 위해 집중하도록 도와줍니다. 또한 약간의 스트레스는 일상의 도전을 극복하게 하고 우리에게 동기를 부여하는 데 도움이 됩니다. 반면에, 너무 많은 스트레스는 해로울 수 있는데, 우리를 계속해서 대항, 도피, 얼어붙기 상태로 만들기 때문입니다. 만성적이거나 계속 진행 중인 스트레스는 우리의 정신 건강에 부정적인 영향을 미칠 수 있으며, 심지어 우리의 신체 건강도 해칠 수 있습니다.

도움이 되는 스트레스

- 집중력 향상
- 일을 끝내는 데 도움이 됨
- 활력을 불어넣음
- 최고의 능력을 발휘하도록 도움

해로운 스트레스

- 집중력 방해
- 예민해지고 긴장하게 함
- 식욕과 수면의 변화
- 면역력 약화

다음은 스트레스를 일으킬 수 있는 상황의 예입니다. **도움이 되는 스트레스**를 일으키는 상황에는 동그라미를, **해로운 스트레스**를 일으키는 상황에는 밑줄을 그어 보세요.

- 새집으로 이사하기
- 수업에서 발표하기
- 수면 문제로 어려움을 겪는 것
- 안전하지 않은 지역사회에서 사는 것
- 무대 위에서 공연하기
- 아픈 부모님과 함께 사는 것
- 학교에서 괴롭힘을 당하는 것
- 형제자매 돌보기

한 걸음 더 나아가기: 여러분은 집이나 학교에서 스트레스에 대처하기 위해 무엇을 하나요? 그리고 누구에게 도움을 요청하나요? ______________________________

____

아동·청소년 및 부모용 활동지

스트레스와 뇌

스트레스는 우리 주변에서 일어나는 크고 작은 위험에 대한 뇌의 자연스러운 반응입니다. 스트레스를 받는 일이 발생하면, 뇌는 대항, 도피 또는 얼어붙기 반응을 준비합니다. 이때 우리의 뇌는 스트레스 호르몬을 내보내서 몸을 높은 경계 상태로 만듭니다. 이로 인해 호흡이 가빠지고 심장도 빨리 뛰게 되며, 근육은 긴장하고, 감각은 예민해지게 됩니다. 이러한 변화는 몸에 에너지를 주고, 앞에 있는 위험에 정면으로 맞서거나(대항), 도망가거나(도피) 또는 숨게 하여(얼어붙기) 우리가 위험에 대처할 수 있도록 경계심을 높입니다. 위험이 사라진 후에는, 몸이 다시 차분해지고 원래 상태로 회복됩니다.

스트레스는 사람마다 다르게 영향을 미칩니다. 여러분이 낮은 수준, 중간 수준 그리고 높은 수준으로 스트레스를 경험했던 사건은 무엇이며, 그때 몸은 어떻게 느껴졌는지 다음의 표에 작성해 보세요. 이 활동을 스스로 또는 부모님과 함께 완성해 보면, 서로 다른 유형의 스트레스가 우리에게 어떤 영향을 미치는지 이해하는 데 도움이 됩니다.

	여러분에게 스트레스를 준 사건은 무엇인가요?	이러한 스트레스를 경험할 때 여러분의 몸은 어떻게 느껴졌나요?(예: 심박수, 호흡, 근육, 떠오른 생각)
높은 스트레스		
중간 스트레스		
낮은 스트레스		

치료 회기 활동

삶의 스트레스 요인들과 통제 여부

교통사고를 당하거나 한 지역을 초토화시킨 태풍에서 살아남은 것과 같이 짧지만 강력한 사건들은 여러분이 통제할 수 없는 갑작스러운 삶의 변화를 일으킬 수 있습니다. 부모님의 이혼, 사랑하는 사람을 잃는 것, 부모님이 군복무나 장기 파견 근무를 간 것과 같은 통제할 수 없는 장기적 사건이나, 방임, 위탁 보호 시설 생활과 같은 심각하고 지속적인 상황들도 사회·정서 발달을 크게 방해할 수 있습니다. 다음의 표에서 스트레스 요인의 예들을 살펴보고, 여러분이 통제 가능한 것인지 또는 통제 불가능한 것인지 표시해 보세요. 그런 다음, 여러분에게 어려움이 될 수 있는 사건에 밑줄을 그어 보세요.

통제 가능	통제 불가능	스트레스 요인
		자연재해 경험
		신체적 또는 정신적으로 어려움이 있는 가족과 함께 생활하기
		부모님의 직장 때문에 이사를 해서 새로운 친구를 사귀어야 하는 상황
		가족의 죽음
		다가오는 학교 시험 준비하기
		부모님 중 한 사람의 군복무나 장기 파견 근무
		도움이 필요할 때 어른에게 도움 요청하기
		나만의 스트레스 요인:
		나만의 스트레스 요인:

아동·
청소년용
활동지

트라우마와 역경 구분하기

파괴적인 사건은 심각하고 치명적일 수 있지만 반드시 트라우마가 되는 것은 아닙니다. 중요한 것은 그 사건이 단기적이든 장기적이든 그것을 경험한 사람이 어떻게 받아들이는지입니다. 만약 어떤 사람이 그 사건을 매우 어렵고 충격적인 것으로 받아들인다면, 그건 그 사람에게 트라우마가 될 수 있습니다. 즉, 트라우마는 그 사람이 어떻게 경험했는지에 따라 다르기 때문에 **주관적인 경험**입니다. 트라우마는 파괴적인 사건을 직접 경험한 사람뿐만 아니라 그 사건을 목격한 사람에게도 발생할 수 있습니다. 이 활동은 트라우마로 여겨질 수 있는 다양한 유형의 사건을 살펴보고, 이러한 사건들이 단기적 또는 장기적인 어려움을 주는지 파악하는 데 도움을 줍니다.

1단계: 다음의 상자에 여러분의 개인 생활, 가족생활 그리고 지역사회에서 역경, 트라우마 또는 심각한 스트레스로 여겨질 수 있는 사건들의 예를 적어 보세요. 다음의 예시를 사용하거나 나만의 예를 작성할 수 있습니다.

예: 지역사회에서 발생한 강도 사건, 부모님의 사망, 만성질환을 앓는 것, 지역사회에서 강력한 태풍을 목격한 것, 생활할 집이 없는 것, 부모님의 실직 · 방임이나 학대의 피해자가 되는 것, 안전하지 않은 지역사회에 사는 것

개인적인 사건	가족과 관련된 사건	지역사회에서 경험한 사건

2단계: 다음의 각 사건의 유형이 일시적인 어려움을 주는지, 계속 진행 중인 어려움을 주는지 또는 둘 다인지를 적어 보세요.

__________ 교통사고를 당하는 것

__________ 심각하고 지속적인 질병을 가지고 있는 것

__________ 부모님을 영영 볼 수 없게 되는 것

__________ 태풍을 경험한 것

__________ 지역사회에서 범죄를 목격한 것

__________ 경제적으로 가난하게 살고 있는 것

치료 회기 활동

단기 스트레스 vs. 계속 진행 중인 스트레스

어떤 파괴적인 경험들은 일시적인 고통과 스트레스를 일으키지만, 또 어떤 경험들은 계속 진행되어 끊임없는 스트레스를 일으킬 수 있습니다. 특정 사건이 일시적으로 낮거나 중간 정도의 스트레스를 주고, 약간 도전이 될 때 우리는 그 상황을 **관리**할 수 있습니다. 그러나 이러한 사건들이 중대하거나 계속 생활에 지장을 주고, 높은 수준의 스트레스를 일으킨다면 **문제**가 됩니다. 여러분도 알다시피 너무 많은 스트레스는 우리의 몸과 마음에 해로운 영향을 미칠 수 있으며, 계속 진행 중인 스트레스는 일상생활의 모든 측면을 변화시킬 수 있습니다. 이 활동에서는 스트레스가 여러분의 신체와 마음 건강에 어떤 영향을 미치는지를 생각해 볼 것입니다.

파트 1: 왼쪽에는 차분하고 스트레스가 적은 상태일 때 여러분의 마음을 그려 보세요. 오른쪽에는 매우 높은 수준의 스트레스를 받은 상태일 때 여러분의 마음을 그려 보세요.

파트 2: 매우 높은 수준의 스트레스가 여러분의 몸, 마음 그리고 감정에 어떤 영향을 주나요? 다음의 각 범주에 해당하는 스트레스가 여러분에게 어떤 영향을 미칠 수 있는지 치료사나 신뢰할 만한 어른과 함께 브레인스토밍해 보세요.

	단기 스트레스	계속 진행 중인 스트레스
신체적 건강 (식사, 수면, 건강, 운동)		
정서적 행복 (기분, 변화에 적응하는 능력, 감정을 표현하는 능력)		
관계 (신뢰, 다른 사람들과 상호작용하는 방식, 다른 사람들을 만나는 빈도)		
문제 해결 기술 (어떤 일이 일어날지 예측하는 능력, 의사 결정 기술)		
자신에 대한 생각과 태도 (자신에 대한 믿음, 자기 이미지, 자신감)		

대화 만들기

아동 · 청소년이 감정적인 기억을 다시 떠올리거나 설명하는 것은 스트레스를 일으키기 때문에 어려울 수 있습니다. 이러한 이유로 아동 · 청소년의 기억에는 종종 사건의 순서가 엉켜 있을 수 있습니다. 앞으로의 활동들은 아동 · 청소년이 겪은 좋았던 순간이나 그렇지 않았던 순간, 충격적이었던 일이나 그렇지 않은 일을 포함한 다양한 생활 사건에 대해 이야기를 시작할 수 있도록 도와줍니다. 초기 활동은 아동 · 청소년이 더 폭넓은 감정 단어를 사용하도록 돕고, 이후의 활동들은 중요한 기억을 확인하고 사건을 순차적으로 정리하는 데 중점을 둡니다. 또한 아동 · 청소년은 현재까지 자신의 인생 사건들을 보여 주는 타임라인과 개인적인 강점과 목표를 보여 주는 미래의 타임라인을 만들 수 있습니다.

아동·청소년용 활동지

나를 차분함으로 이끄는 단어 구름들

여러분이 어떤 감정이나 스트레스를 많이 느낄 때에는 적절한 단어로 자신의 기분을 표현하기 어려울 수 있습니다. 우리는 자주 **나쁘지 않은, 괜찮은, 좋은**과 같은 간단한 단어들로 기분을 표현하려고 합니다. 하지만 이 단어들은 여러분의 진짜 기분을 충분히 표현해 주지 못합니다. 반면, **편안한, 평화로운, 침착한**과 같은 단어들은 여러분이 어떤 기분인지 더 명확하게 표현해 줍니다. 다양한 감정 표현 단어를 익히기 위해 단어 구름들을 활용해 이 활동을 진행해 보세요. 여러분에게 '차분함'을 떠올리게 하는 단어, 장소, 느낌 또는 사람들로 구름 안을 채워 보세요. 그림을 그리거나, 색을 칠하거나 또는 줄무늬나 물방울무늬 같은 패턴을 사용하여 자신을 표현해 보세요.

나를 휘몰아치는 단어 폭풍우

차분한 느낌과 관련된 단어들을 찾아보았다면, 이제 여러분이 겪는 스트레스, 두려움 또는 힘든 시기와 관련된 단어들을 생각해 보세요. 이러한 경험들을 표현하는 단어, 장소, 느낌 또는 사람들에 대해 생각해 보고, 다음의 모양들을 채워 자신을 표현해 보세요.

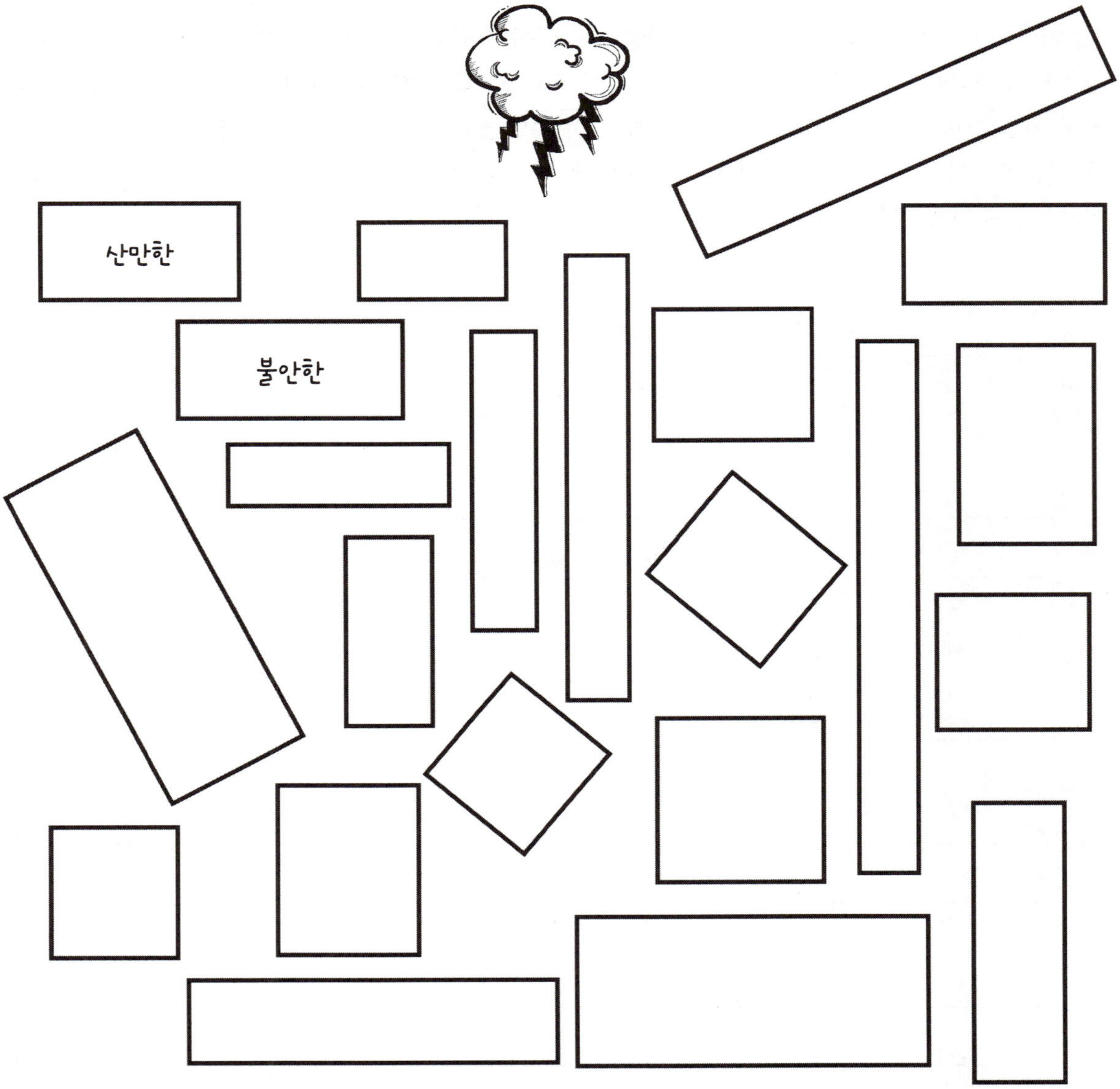

치료 회기 활동

기억과 감정

기억에 대해 말하는 것은 우리의 이야기를 하는 데 도움이 됩니다. 야구 경기를 처음 보러 간 것이나 좋아하는 친척과 빵을 만들었던 특정한 기억들은 따뜻한 감정을 느끼게 하고, 다른 사람과 연결되어 있다는 것을 떠올리게 합니다. 또 다른 기억들은 여러분을 불편하게 하거나 슬픈 감정을 느끼게 할 수도 있지만, 이 기억들 역시 중요합니다. 그러나 이런 기억들은 이야기하기 더 어려울 수 있습니다. 이 활동에서는 여러분의 이야기를 하는 데 도움이 되는 몇 가지 기억을 떠올려 보세요. 먼저, 여러분이 가장 좋아하는 기억을 맨 윗줄에 작성해 보세요. 그 기억을 설명하거나, 무슨 일이 있었는지 설명하는 데 도움이 되는 핵심 단어들을 적어 보세요. 번호가 아래로 내려갈수록 더 감정적으로 힘들고 어려웠던 기억들을 적어 보세요. 이 기억들도 모두 중요합니다! 다 작성했다면, 맨 위로 되돌아가서 그 사건이 언제 발생했고, 주변에 누가 있었으며, 어디에서 일어났는지와 같은 세부 정보들을 추가로 작성해 보세요.

1. ______________________________

____

2. ______________________________

____

3. ______________________________

____

4. ______________________________

____

5. ______________________________

____

아동·청소년용 활동지

파트 1: 이전과 지금의 아이콘

우리의 삶은 다른 사람들과의 관계, 가족과 관련된 일, 좋은 추억 그리고 이야기하기 어려운 사건들에 영향을 받습니다. 다음의 아이콘 안에 여러분이 경험한 사건들 중 이야기해 줄 수 있는 사건을 그리거나 적어 보세요. 어떤 사건이나 변화가 기억나나요? 다음의 일부 (또는 모든) 아이콘을 사용하거나, 자신만의 아이콘을 추가해 보세요.

중요한 개인적인 사건 또는 가족과 관련된 일(예: 생일, 결혼, 이혼, 이사, 취직)

특별하거나 중요한 관계(예: 가족, 친구, 이웃, 선생님)

슬픈 사건(예: 사랑하는 사람을 볼 수 없게 되는 것, 개인적인 사건, 가족과 관련된 사건)

변화를 겪은 사건(예: 이사, 전학, 가족 중 한 사람이 군복무나 장기 파견 근무를 간 것)

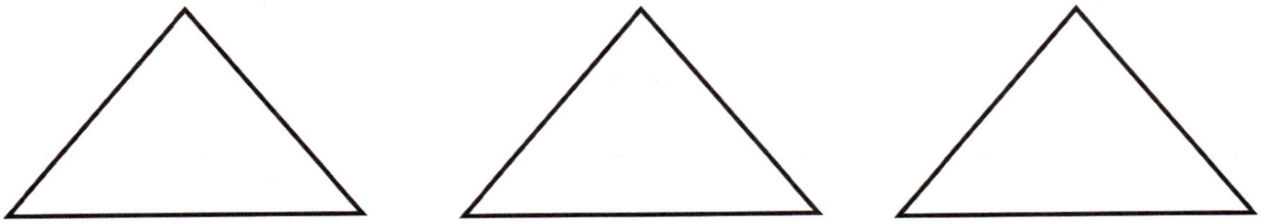

가장 좋아하는 시기(예: 가장 좋았던 추억 또는 경험)

아동·청소년용 활동지

이전과 지금의 타임라인

여러분의 아이콘을 만들었다면, 이제 다음의 타임라인에 아이콘들을 배치해 보세요. 또는 더 큰 종이에 자신만의 타임라인을 만들 수 있습니다. 타임라인은 이야기하기 어렵거나 순서대로 기억하기 어려운 사건, 감정적 기억 그리고 관계를 시각적으로 표현하는 데 도움이 됩니다. 태어난 것, 가족 관련 사건, 개인적인 사건 그리고 친구들과의 사건을 반드시 포함해 표현해 보세요.

아동·
청소년용
활동지

파트 2: 지금과 앞으로의 아이콘

과거의 타임라인을 만들어 봤으니, 이제 미래를 살펴볼 차례입니다. 여러분의 삶이 앞으로 어떤 모습이기를 원하는지 브레인스토밍해 보세요. 미래에 어떤 목표가 있나요? 어떤 사람들과의 관계가 여러분의 꿈과 바람을 이루는 데 도움이 될까요? 목표를 이루기 위한 자신만의 강점은 무엇인가요?

개인적인 강점(예: 학교 과목, 문제를 해결하는 능력, 인내심, 좋은 친구 되기)

개인적인 목표(예: 여러분이 단기간에 또는 미래에 이루고 싶은 꿈)

1개월 이내

1년 이내

10년 이내

지지적인 관계(예: 중요한 가족, 친구, 선생님)

아동·청소년용 활동지

지금과 앞으로의 타임라인

지금은 여러분이 힘든 시기를 보내고 있을 수도 있지만, 여러분의 이야기는 이제 막 시작되었습니다. 여러분의 미래가 어떤 모습이기를 바라는지 브레인스토밍해 보세요. 어떤 목표와 꿈을 가지고 있나요? 다음의 타임라인에 여러분의 지금과 앞으로의 아이콘을 배치해 보세요. 그리고 필요하다면 더 큰 종이에 나만의 타임라인을 만들어 볼 수도 있습니다.

치료 회기 활동

너에게 무슨 일이 일어났지?

괴로운 사건을 말로 설명하는 것은 어려운 일입니다. 이 활동지는 대화를 이끌 수 있는 시각적인 도구를 제공하여 아동 · 청소년이 자신의 이야기를 더 쉽게 할 수 있도록 도와줍니다. 따라서 치료 회기에서 유용하게 사용할 수 있습니다. 대화가 제한적이거나 어려울 때, 다음의 활동지를 사용하여 아동 · 청소년이 자신의 경험을 표현할 수 있도록 도와주세요.

여러분에게 무슨 일이 있었나요? 괴로웠던 경험(들)에 대해 적어 보세요. ______________________

____

____

____

____

____

____

____

____

____

얼마나 오랫동안 그 일(들)을 겪었나요?

한 번		여러 번		자주
1	2	3	4	5

그 일이 일어날 거라고 예상한 적이 있나요?

완전히 예상 못함 | 어느 정도 예상함 | 충분히 예상하고 대비함

1 2 3 4 5

그 일은 나에게 얼마나 많은 스트레스를 주었나요?

전혀 스트레스 없음 | 약간의 스트레스 | 많은 스트레스

1 2 3 4 5

그 일은 가족에게 얼마나 많은 스트레스를 주었나요?

전혀 스트레스 없음 | 약간의 스트레스 | 많은 스트레스

1 2 3 4 5

그 일로 인해 얼마나 많은 변화가 생겼나요?

변화 없음 | 약간의 변화 | 많은 변화

1 2 3 4 5

치료 회기 활동

무엇이 나를 괴롭게 하는 거지?

아동 · 청소년이 자신을 괴롭게 하는 것을 말하기 어려워한다면, 이 활동지를 사용하여 자신의 경험을 표현하도록 도와줄 수 있습니다. 먼저, 아동 · 청소년에게 자신을 괴롭게 하는 것이 무엇인지 적어 보도록 요청하세요. 만약 사건을 설명하기 어려워한다면, 다음의 활동지를 사용하여 자신의 문제에 대해 어떻게 느끼는지 이야기할 수 있도록 도와주세요.

나의 문제(나를 괴롭게 하는 것): ______________________________

____

____

여러분의 문제는 얼마나 큰가요?

문제없다	작다	잘 모르겠다	크다	매우 크다
1	2	3	4	5

여러분의 문제는 얼마나 긴급한가요?

전혀 긴급 하지 않다	긴급하지 않다	잘 모르겠다	빠른 도움을 원한다	비상이다
1	2	3	4	5

그 문제를 생각하면 여러분의 기분은 어떤가요?

매우 편안하다	편안하다	괜찮다	불편하다	매우 불편하다
1	2	3	4	5

여러분은 안전함을 느끼나요?

매우 안전하다	안전하다	괜찮다	안전하지 않다	매우 안전 하지 않다
1	2	3	4	5

아동·
청소년용
활동지

나의 말로 이야기해 보기

슬프지만, 가끔은 힘든 일들이 우리의 삶에 일어날 수 있습니다. 다음에 여러분에게 일어났던 일을 최대한 자세히 작성해 보세요. 약간은 힘들 수 있지만 자신이 편안하게 말할 수 있을 만큼 적으면 됩니다. 또한 다음의 질문들에 답하며, 그 경험에 대해 더 자세히 설명해 주세요. 모두 적었다면 여러분의 이야기를 치료사나 신뢰할 만한 어른과 공유해 보세요.

여러분에게 무슨 일이 있었나요?

그 일은 언제 일어났나요?

오늘

어제

한 달 전

1년 전

기타: ____________________

기분은 어땠나요?

화가 남 / 무서움 / 슬픔 / 부끄러움 / 걱정됨 / 마음에 상처가 됨

당황함 / 외로움 / 불안함 / 안전하지 못한 느낌 / 기타: ________________

감당하거나 조절할 수 있었던 감정은 무엇인가요? ________________________________

____

____

____

감당하기 힘든 감정은 무엇이었나요? ________________________________

____

____

____

누가 도와줬나요?

부모님 / 선생님 / 형제자매

경찰관 / 친척 / 그 외: ________________

친구

지금은 어떤가요?

감정을 조절할 수 있다 / 도움이 조금 필요하다 / 누군가 꼭 도와줬으면 한다

앞으로 나아가기

이번 활동에서 아동 · 청소년과 부모는 함께 협력하여 사회 · 정서적 성장과 회복을 위한 영역을 확인해 볼 것입니다. 이번 활동들은 아동 · 청소년이 다른 사람들에게서 잘 드러나지 않는 감정을 발견할 수 있도록 돕고, 부모에게는 자신의 걱정을 표현할 수 있는 방법을 제공합니다. 이 과정은 또한 모두에게 사회 · 정서적 성장 영역에 대해 함께 생각해 볼 수 있는 기회를 줍니다. 더불어 이번 활동에서는 신뢰 쌓기, 감정 관리하기, 문제 해결하기, 힘 기르기와 같은 중요한 성장 영역을 안내하고, 이러한 영역들에서 목표를 설정할 수 있도록 도와줍니다.

부모용 활동지

대항, 도피 또는 얼어붙기 감정들

자녀의 행동과 증상이 그들의 삶에 어떤 영향을 미치는지 이해하는 것은 문제를 해결하고 기술을 향상시키기 위해 필요한 첫 단계입니다. 이 활동은 여러분이 걱정되는 부분을 집중적으로 다루어 자녀의 사회 · 정서적 성장 계획을 구체화하는 데 도움을 줍니다.

자녀가 보이는 주요한 행동이나 증상은 무엇인가요? 다음에 작성하거나 표에서 예시를 선택해 보세요.

____

____

____

____

____

대항의 예	도피의 예	얼어붙기의 예
• 논쟁적인	• 다른 사람들을 피하는	• 움츠린
• 충동적인	• 안절부절못하는	• 둔감한
• 반항적인	• 부주의한	• 부주의한
• 부주의한	• 겁먹은	• 걱정하는
• 자제력이 부족한	• 걱정하는	• 꼼짝하지 않는
• 흥분한	• 초조한	• 강박적인
• 반응이 빠른	• 무질서한	• 반응이 없는

이러한 행동은 실제로 다음과 같은 의미일 수 있습니다.

- 저는 이 상황이나 사람이 위협적으로 느껴져요.
- 저는 안심이 안 돼요.
- 제가 당신을 믿을 수 있을지 모르겠어요.
- 제 감정은 위험해요.
- 저는 무슨 일이 일어날지 걱정돼요.
- 저는 이 문제를 해결할 수 없어요.
- 다른 사람들은 제가 겪고 있는 일을 이해하지 못해요.

여러분의 자녀가 어려움을 겪고 있는 부분을 각 장소별로 체크해 보세요.

	집	학교	기타 장소: ________
안전함 느끼기			
신뢰 쌓기			
감정 조절하기			
문제 해결하기			
자신을 믿기			

아동·청소년용 활동지

나의 감정 빙산

사람들에게 겉으로 보이는 것과 여러분 내면에서 경험하는 것이 항상 일치하지는 않습니다. 빙산을 볼 때 바다에 가려진 부분은 보이지 않고 윗부분만 보이듯이, 다른 사람들은 여러분이 어떻게 행동하는지, 몸이 어떻게 반응하는지(눈물, 웃음, 소리 지르기), 그리고 다른 사람들과 어떻게 상호작용하는지(다른 사람들과 빈번히 상호작용하거나 전혀 상호작용하지 않음)만을 알아차릴 수 있습니다. 그러나 표면 아래, 즉 여러분의 내면에서는 실제로 어떤 일이 벌어지고 있나요? 사건이나 상황, 또는 다른 숨겨진 문제로 인해 여러분은 생존 모드에 갇힌 느낌이 들 수 있습니다. 이 생존 모드는 대항, 도피, 얼어붙기의 상태가 되는 것입니다. 이 활동지를 사용하여 여러분의 삶에서 어떤 것들이 스트레스를 일으키는지, 그것이 어디에서 일어나고 있는지, 그리고 여러분은 무엇을 경험하고 있는지 이야기해 보세요.

다른 사람이 보는 것은 무엇인가요?

- 나의 행동
- 나의 신체 반응
- 다른 사람과 나의 상호작용

실제로 나에게 일어나고 있는 일은 무엇인가요?

- 내 감정들을 억누르는 것
- 나의 집, 가족, 지역사회에서의 스트레스
- 반복되는 생각들이나 두려움

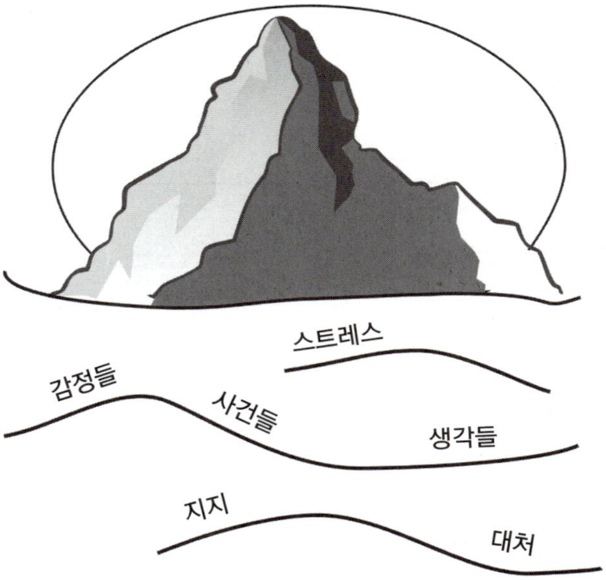

여러분은 어떤 부분에서 어려움을 겪고 있나요? 다른 사람들이 알아챌 수 있거나 알아챌 수 없는 여러분의 모든 문제에 동그라미를 표시해 보세요.

대항의 예	도피의 예	얼어붙기의 예
• 친구 또는 어른들과의 말싸움	• 다른 사람들을 피함	• 감각을 잃은 느낌
• 긴장감을 느낌	• 안절부절못함	• 집중력이 부족함
• 쉽게 화를 냄	• 주의를 기울이지 못함	• 동기부여가 부족함
• 반응이 빠름	• 무서움을 느낌	• 꽉 막힌 느낌
• 주변 환경에 과도하게 민감해짐 (예: 소음, 사람들)	• 걱정이 많음	• 반복적인 생각들이 들고, 두려움을 느낌
	• 혼란스러움을 느낌	
• 기타: ____________	• 기타: ____________	• 기타: ____________
• 기타: ____________	• 기타: ____________	• 기타: ____________

이러한 문제가 발생하는 곳은 어디인가요?

☐ 집　　☐ 학교　　☐ 기타 장소: ____________

부모용 활동지

자녀의 준비 상태 체크인

이 책의 많은 활동은 아동·청소년뿐만 아니라, 치료사나 부모와 같이 아동·청소년이 신뢰할 수 있는 어른이 함께 참여해야 합니다. 트라우마와 관련된 대화를 하기 위해서는 모든 사람이 신체적·정신적으로 참여할 준비가 될 때까지 기다리는 것이 중요합니다. 따라서 새로운 대처 기술을 연습할 것인지, 학교에서 일어난 사건에 대해 이야기할 것인지, 또는 어떤 중요한 문제를 다룰 것인지를 생각할 때, 실제로 준비가 되었는지를 먼저 점검하는 것이 필요합니다. 다음 체크리스트를 사용하여 자녀의 표정, 보디랭귀지, 목소리를 파악하고 자녀가 이야기할 준비가 되어 있는지 확인해 보세요.

자녀의 준비 상태	이야기할 준비가 되어 있나요?
자녀의 표정은 어떤가요? ☐ 나를 바라보고 있음 ☐ 차분함 ☐ 긴장하지 않음 ☐ 미소/중립적인 표정 ☐ 기타: ________	☐ 네 ☐ 아니요
자녀는 어떤 행동을 취하고 있나요? ☐ 편안하고, 긴장하지 않음 ☐ 서성거리지 않고, 차분하게 앉거나 일어섬 ☐ 손/발을 산만하게 움직이지 않음(두드리지 않음) ☐ 기타: ________	☐ 네 ☐ 아니요
자녀는 어떤 목소리로 이야기하나요? ☐ 평범한 크기의 목소리(소리치지 않음) ☐ 이해하기 쉬운 속도(너무 빨리 말하지 않음) ☐ 차분하고, 적극적이며, 알맞은 목소리 톤 ☐ 기타: ________	☐ 네 ☐ 아니요

부모용 활동지

부모의 준비 상태 체크인

여러분이 트라우마와 관련된 대화를 시작할 준비가 되어 있는지 확인하는 것은 자녀의 준비 상태를 평가하는 것만큼이나 중요합니다. 자녀의 준비 상태를 평가한 후에는 여러분 자신의 표정, 보디랭귀지, 목소리를 살펴보세요. 자녀와 긍정적인 대화를 나눌 수 있는 정서적 준비가 되어 있는지 확인해 보세요.

부모의 준비 상태	이야기할 준비가 되어 있나요?
나의 표정은 어떤가요? ☐ 차분함 ☐ 긴장하지 않음 ☐ 미소/중립적인 표정 ☐ 기타: ______	☐ 네 ☐ 아니요
나는 어떤 행동을 취하고 있나요? ☐ 긴장하지 않음 ☐ 차분하게 앉거나 일어섬 ☐ 손/발을 산만하게 움직이지 않음(두드리지 않음) ☐ 기타: ______	☐ 네 ☐ 아니요
나는 어떤 목소리로 이야기하나요? ☐ 평범한 크기의 목소리(소리치지 않음) ☐ 이해하기 쉬운 속도(너무 빨리 말하지 않음) ☐ 차분하고, 적극적이며, 알맞은 목소리 톤 ☐ 기타: ______	☐ 네 ☐ 아니요
나는 자녀와 긍정적인 대화를 나눌 정서적 준비가 되었나요?	☐ 네 ☐ 아니요

부모용 활동지

사회 · 정서 기술 목록(부모용)

이 목록을 사용하여 자녀의 강점과 약점을 알아보세요. 여기에는 맞고 틀린 답은 없습니다. 다음의 각 영역별 질문을 보고 1점(전혀 그렇지 않다)에서 5점(매우 그렇다)의 점수로 평가해 보세요. 이 점수를 활용하여 앞으로의 목표나 계획을 세울 수 있습니다.

신뢰 쌓기: 여러분의 자녀는……

다른 사람들과 유대감을 느끼나요?	1	2	3	4	5
친구들과 우정을 쌓나요?	1	2	3	4	5
그 우정을 유지하는 편인가요?	1	2	3	4	5
다른 사람들을 이해하나요?	1	2	3	4	5

감정 관리하기: 여러분의 자녀는……

자신이 느끼는 감정들을 알아차리나요?	1	2	3	4	5
강렬한 감정들을 조절하나요?	1	2	3	4	5
그 감정에 도움이 될 만한 대처 기술들을 알고 있나요?	1	2	3	4	5
도움이 되는 대처 기술들을 사용하나요?	1	2	3	4	5

문제 해결하기: 여러분의 자녀는……

스스로 어려운 문제들을 해결하려고 하나요?	1	2	3	4	5
문제를 해결할 대안적인 방법을 찾아보나요?	1	2	3	4	5
문제를 해결하기 어려울 때, 도움을 요청하나요?	1	2	3	4	5
새로운 것을 시도하는 데 기꺼이 위험을 감수하나요?	1	2	3	4	5

힘 기르기: 여러분의 자녀는……

자신의 강점들을 잘 알고 있나요?	1	2	3	4	5
다른 사람들의 관점을 이해하나요?	1	2	3	4	5
자신의 의견을 말하나요?	1	2	3	4	5
자신의 몸과 마음을 돌보나요?	1	2	3	4	5

참고사항: 이 평가 점수를 사용하여 사회 · 정서적 성장에 도움이 되는 영역이나 활동을 선택할 수 있습니다.

아동·
청소년용
활동지

사회 · 정서 기술 목록(자녀용)

여러분의 목소리를 들려주세요! 여러분만의 특별한 강점과 도전 과제를 인정하는 것은 중요합니다. 강점은 여러분이 자신감을 느끼는 부분이고, 도전 과제는 여러분이 향상시킬 수 있는 부분입니다. 이제 여러분의 의견을 들어볼 시간입니다. 다음의 각 영역별 질문을 보고 1점(전혀 그렇지 않다)에서 5점(매우 그렇다)의 점수로 평가해 보세요.

신뢰와 안전감: 여러분은 얼마나……

다른 사람들을 믿나요?	1	2	3	4	5
친구들과 우정을 쌓나요?	1	2	3	4	5
그 우정을 유지하나요?	1	2	3	4	5
다른 사람과의 관계에서 선을 지킬 수 있나요?	1	2	3	4	5

감정 관리하기: 여러분은 얼마나……

자신이 느끼는 감정들을 알아차리나요?	1	2	3	4	5
강렬한 감정들을 조절하나요?	1	2	3	4	5
감정 조절에 도움이 되는 대처 기술들을 알고 있나요?	1	2	3	4	5
도움이 되는 긍정적인 대처 기술들을 사용하나요? (예: 감정을 숨기기보다 도움을 요청함)	1	2	3	4	5

문제 해결하기: 여러분은 얼마나……

어려운 문제를 해결하기 위해 노력하나요?	1	2	3	4	5
문제를 해결할 대안적인 방법을 찾아보나요?	1	2	3	4	5
문제를 해결하기 어려울 때, 도움을 요청하나요?	1	2	3	4	5
새로운 것을 시도하는 편인가요?	1	2	3	4	5

힘 기르기: 여러분은 얼마나……

다른 사람의 기분을 고려하나요?	1	2	3	4	5
자신의 능력들에 대해 알고 있나요?	1	2	3	4	5
자신의 의견을 말하나요?	1	2	3	4	5
자신의 몸과 마음을 돌보나요?	1	2	3	4	5

제 2 장
안전 기반 만들기

보호 요인과 위험 요인

우리의 일상생활은 스트레스를 다루기 쉽게 만드는 보호 요인과 어렵게 만드는 위험 요인의 영향을 받습니다. 스스로에 대한 믿음과 긍정적인 역할 모델과 같은 보호 요인은 스트레스의 영향을 줄여 긍정적으로 문제를 해결할 수 있게 도와줍니다. 반대로 긍정적인 역할 모델이 없거나, 건강하지 않은 대처 방식, 다른 사람들의 지지가 부족한 상황과 같은 위험 요인은 합리적인 의사 결정 능력에 부정적인 영향을 미칩니다. 이러한 보호 요인과 위험 요인은 지인, 가족 또는 다른 사람과의 관계 그리고 지역사회까지 다양한 영역에 존재합니다. 앞으로의 활동들은 아동 · 청소년이 보호 요인과 위험 요인을 인식하고 이러한 요인들의 균형을 맞추도록 도와줍니다.

아동·청소년용 활동지

보호 요인 만들기

보호 요인은 일상에서 스트레스를 주는 문제와 삶의 주요한 도전을 다룰 수 있는 능력을 키워 줍니다. 개인, 가족, 다른 사람들과의 관계와 지역사회에 있는 다양한 보호 요인은 마치 벌집처럼 함께 어우러져 충격을 덜어 주는 긍정적인 역할을 합니다. 이 활동에서는 다음의 다양한 보호 요인의 예를 활용하여 다음의 벌집을 완성해 보세요. 또한, 자신만의 보호 요인의 예를 다양하게 생각해 보고, 벌집에 추가하여 더 튼튼하게 만들어 볼 수도 있습니다.

보호 요인의 예:

- 건강한 또래 집단
- 문제 해결 능력
- 학교 동아리 가입
- 안전한 생활환경
- 지지적인 부모님
- 긍정적인 자아존중감
- 건강한 식습관
- 친절한 이웃
- 친구를 사귈 수 있는 능력
- 즐거운 학교생활
- 스포츠팀 가입
- 변화에 대처할 수 있는 능력

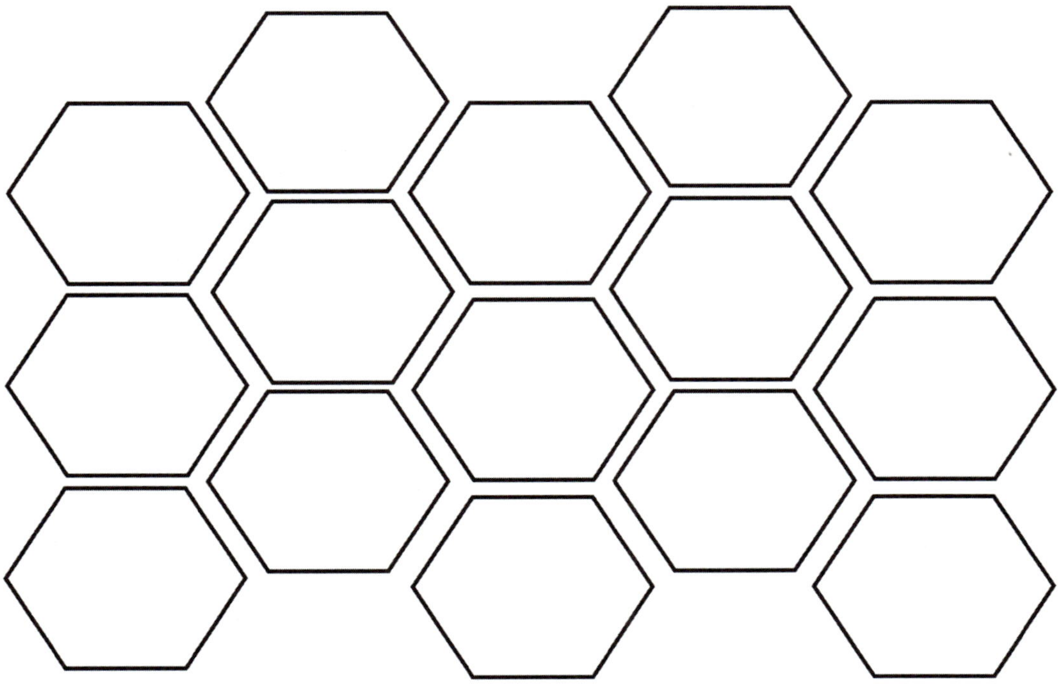

아동·
청소년용
활동지

나의 보호 버블

안녕하세요, 보호 요인 전문가 여러분! 앞의 활동을 통해 여러분은 보호 요인이 무엇인지, 보호 요인에는 어떤 것들이 있는지 알게 되었습니다. 이번에는 여러분의 보호 요인을 찾아볼 차례입니다. 힘든 시기에 나를 지켜 줄 수 있는 '보호 버블'에는 어떤 것들이 있나요? 개인, 가족, 다른 사람들과의 관계와 지역사회에서 여러분을 긍정적인 방향으로 이끌어 주는 보호 요인에는 무엇이 있을까요? 여러분을 강하게 만드는 내면의 능력은 무엇인가요? 여러분은 융통성을 가지고 있나요? 여러분은 다른 사람들에게 도움이 되고 배려심이 있나요? 중요한 다른 사람들과의 관계는 어떤가요? 여러분은 조언이나 지지, 도움이 필요할 때 누구를 찾아가나요? 마지막으로, 자신이 속한 학교나 이웃에서 여러분이 유대감을 느끼게 하는 특별한 점은 무엇인가요? 다음의 보호 버블에 자신만의 보호 요인들을 추가해 보세요.

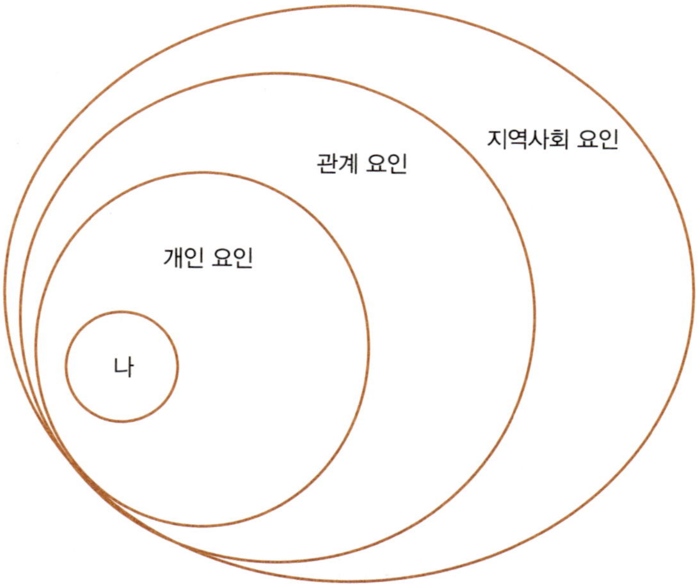

생각해 보기:

여러분의 개인 요인, 관계 요인 및 지역사회의 유대감은 여러분이 강해지는 데 어떤 도움을 주나요?

아동·청소년용 활동지

위험 요인 정의하기

여러분의 삶에서 마주하는 어려움을 위험 요인이라고 생각해 보세요. 어떤 요인이 여러분의 삶을 더 어렵게 만드나요? 이 활동에서는 여러분이 직접 '위험'이 무엇인지 정의해 볼 것입니다. 시각, 청각, 촉각을 사용해서 '위험'에 대한 나만의 정의를 만들어 보세요. 그런 다음, 여러분이 위험을 생각하면 떠오르는 단어를 적거나 그림을 그려 보세요. 마지막으로, 다음의 예시를 읽고 이것이 개인, 가족 및 지역사회와 관련된 위험 중 어디에 해당하는지 알아보세요.

1단계: 위험 정의하기

위험은 어떻게 보이냐면 ______________________

위험은 어떻게 들리냐면 ______________________

위험은 어떻게 느껴지냐면 ______________________

위험은 ______________________ 이다.

2단계: 단어 만들기

'위험'과 비슷한 세 가지 단어(유의어)를 작성하거나, 위험이 어떻게 보이는지 그려 보세요.

3단계: 개인, 가족 및 지역사회의 위험 요인 구분하기

다음의 예시에서 개인의 위험 요인에는 동그라미를, 가족에서의 위험 요인에는 사각형을, 지역사회에서의 위험 요인에는 ×표를 해 보세요.

- 불안
- 이혼한 부모님
- 우울한 부모님
- 이웃과의 다툼
- 낮은 학업 성적
- 규칙을 어기는 친구
- 외로움
- 빈번한 이사
- 무관심한 부모님
- 건강 문제
- 친구 사귀기의 어려움
- 또래들의 괴롭힘

아동·
청소년용
활동지

위험 요인 검토하기

삶은 위험 요인으로 가득 차 있습니다. 개인적인 요인(건강하지 않은 습관이나 불안 등)에서부터 지역사회 요인(위험한 동네, 주변 자원이 부족한 환경)까지 위험 요인은 어디에나 있습니다. 누구나 위험을 겪지만, 여러 가지 위험을 한꺼번에 겪으면 건강하지 않거나 위험한 습관에 빠질 가능성이 높아집니다. 이 활동지를 사용하여 여러분의 개인, 가족 및 지역사회에서의 위험 요인을 확인해 보세요. 건강하지 않은 위험 요인을 확인하고 인정하는 것은 그 위험들을 더 건강한 방향으로 바꿀 수 있는 첫걸음이 됩니다.

개인적인 위험 요인 중 가장 큰 것은 무엇인가요?

____

____

가족이나 관계에서의 위험 요인 중 가장 큰 것은 무엇인가요?

____

____

지역사회에서의 위험 요인 중 가장 큰 것은 무엇인가요?

____

____

위험 요인을 줄이기 위해 무엇을 할 수 있나요?

____

____

위험 요인을 줄이는 데 누가 도움을 줄 수 있나요?

____

____

치료 회기 활동

보호 요인과 위험 요인 따져 보기

이 활동을 통해 여러분의 보호 요인과 위험 요인을 생각해 보세요. 먼저, 여러분을 보호해 주는 개인적인 요인, 가족 관계에서의 요인, 지역사회에서의 요인을 모두 작성해 보세요. 그런 다음, 여러분의 삶에서 위험이 될 수 있는 개인적인 요인, 가족 관계에서의 요인, 지역사회에서의 요인도 작성해 보세요. 작성된 목록을 가지고 여러분의 치료사, 신뢰할 만한 어른이나 가족과 함께 이야기 나누어 보세요. 여러분에게 가장 도움이 되는 보호 요인에 동그라미로 표시하고, 개선하거나 줄이고 싶은 위험 요인을 확인해 보세요.

	보호 요인	위험 요인
개인적인 요인	• • • • •	• • • • •
가족 관계에서의 요인	• • • • •	• • • • •
지역사회에서의 요인	• • • • •	• • • • •

● 촉발 요인 확인하기

사람들은 불편하거나 화가 나는 상황을 마주하면, 성급하게 결론을 내리거나 최악의 결과를 예상하곤 합니다. 이럴 때, 우리의 마음은 즉시 위험을 감지하여 대항, 도피 및 얼어붙기 반응이 일어나게 되며, 안정될 때까지 이를 유지합니다. 그러나 모든 어려움이나 걱정이 안전을 위협하는 것은 아닙니다. 실제로 대부분의 어려움은 올바른 마인드셋이나 대처 방법으로 해결할 수 있습니다. 앞으로의 활동에서, 아동 · 청소년은 자신을 불편하게 만드는 기억이나 상황과 같은 촉발 요인을 알아차리고 대처하는 방법을 배울 것입니다. 한 사람에게 촉발 요인이 되는 것이 다른 사람에게는 그렇지 않을 수 있습니다. 따라서 아동 · 청소년이 자신의 촉발 요인을 알아차리는 것은 중요합니다. 이를 통해 그들은 유용한 대처 기술을 사용하여 감정을 조절할 수 있게 됩니다.

아동·
청소년용
활동지

위협, 생각 또는 도전?

우리는 스트레스를 받으면 무엇이 위협이고 도전인지 또는 그냥 생각일 뿐인지 판단하기 어렵습니다. 우리 몸과 마음은 상황을 분석하기도 전에 빠르게 생존 모드로 바뀔 수 있습니다. 도전을 위협으로 오해하면 우리는 다른 사람들을 피하게 되고, 새로운 것을 시도하지 않으며, 합리적인 결정을 내릴 수 없게 됩니다. 이 활동에서 여러분은 먼저 위협, 도전, 생각의 각 정의를 찾아보거나 자신만의 정의를 만들어 위협, 도전, 생각을 구별해 볼 것입니다. 그런 다음, 각 정의를 떠올리게 하는 이미지를 직접 만들거나 주변에서 찾아보세요. 마지막으로, 다음 장에 제시된 예시를 살펴보고 위협, 도전, 생각을 구분해 보세요.

정의	이미지 로고
위협: ______________________ ______________________ ______________________	
도전: ______________________ ______________________ ______________________	
생각: ______________________ ______________________ ______________________	

다음의 문장 중 생각에는 동그라미, 위협에는 세모, 도전에는 별표를 그려 보세요.

1. (   ) 나는 이 일을 절대 끝내지 못할 거야!

2. (   ) 호랑이가 나에게 달려오고 있어!

3. (   ) 나는 새로운 학교로 전학을 가.

4. (   ) 낯선 사람이 우리 집 문을 두드리고 있어.

5. (   ) 태풍 경보가 울려.

6. (   ) 축구 입단 테스트에는 절대 합격하지 못할 거야. 다들 나보다 더 잘해.

7. (   ) 컴퓨터 수업 시간에 모르는 사람만 있어.

8. (   ) 나는 많은 사람 앞에서 발표를 해야 돼.

9. (   ) 친구를 사귀는 건 어려워, 애들은 나를 실망시킬 거야.

아동·
청소년용
활동지

걱정 워크숍

걱정은 우리 자신이나 다른 사람들에게 갖는 부정적인 생각이나 예측입니다. 걱정은 일어날 수 있는 최악의 결과를 상상하거나 우리 자신에 대해 부정적인 믿음을 가지는 것이기도 합니다. 걱정이나 '만약에'라는 가정은 스트레스를 높이고, 새로운 시도나 다른 사람과의 상호작용을 방해하며, 일상생활에서 우리의 주의를 산만하게 만들 수 있습니다. 이 활동에서 여러분의 현재 또는 과거의 걱정을 떠올려 보세요. 그런 다음, 걱정이 생겼을 때 안정감을 느낄 수 있게 도와주는 다양한 안전 닻(도움이 되는 물건, 활동, 사람 또는 장소)을 생각해 보세요. 마지막으로, 걱정을 긍정적인 생각이나 말로 바꿔 보세요. 걱정이 들 때 스스로에게 이 긍정적인 말을 하면 걱정에 대처하는 데 도움이 됩니다.

예:

걱정: 저는 어두운 곳에서 자는 게 걱정돼요. 앞이 보이지 않으면 불안하거든요.

안전 닻: 자기 전에 내 마음을 진정시키는 책을 읽을 거예요. 그리고 너무 어둡지 않게 수면등을 켤 거예요.

긍정적인 생각 또는 말: 내일은 좋은 날이 될 거야.

예:

나의 걱정: ______________________________

____

안전 닻: ______________________________

____

긍정적인 생각 또는 말: ______________________________

____

예:

나의 걱정: ______________________________

____

안전 닻: ______________________________

____

긍정적인 생각 또는 말: ______________________________

____

치료 회기 활동

두려움의 반응을 촉발하는 것은?

여러분은 두려움을 일으키는 상황과 마주했을 때 어떻게 반응하나요? 대항하나요? 도피하나요? 얼어붙어 버리나요? 치료사의 도움을 받아 어떤 상황이 여러분에게 두려움의 반응을 일으키는지 살펴보고, 몸이 어떻게 반응하는지, 위협이 끝났을 때 어떻게 알 수 있는지 이야기해 보세요. 이 활동은 차분하고 안전한 환경에서 진행하는 것이 가장 좋습니다. 다음의 활동을 통해 두려움의 반응을 촉발하는 것이 무엇인지 찾아보세요. 그리고 이후의 활동을 할 때 참고할 수 있도록 잘 보관해 두세요. 이 활동지는 앞으로의 활동에서 여러분이 촉발 요인을 정의하고, 다시 통제력을 회복하는 전략들을 찾는 데 도움이 될 것입니다.

	대항 	도피 	얼어붙기 
어떤 '위험한' 상황이 여러분을 대항하거나, 도피하거나, 얼어붙게 만드나요?			
이때 여러분의 몸은 어떻게 느껴지나요?			
다시 안전해졌는지 어떻게 알 수 있나요?			

치료 회기 활동

감정을 촉발하는 요인 혹은 생각나게 하는 것

감정을 촉발하는 요인은 사람마다 다릅니다. 특정한 소리, 냄새, 장소는 여러분이 안전하지 않다고 느꼈던 고통스러운 순간을 감정적으로 떠올리게 만들 수 있습니다. 이러한 촉발 요인을 경험하면 여러분의 마음은 위험을 감지하고 생존 모드로 바뀌게 됩니다. 신뢰할 만한 어른이나 치료사와 함께 이 활동을 완성하여 자신의 감정을 촉발하는 요인을 확인해 보세요. 이 활동은 안전한 느낌을 유지하는 데 도움이 되는 대처 기술을 찾을 때에도 활용할 수 있습니다.

어떤 종류의 촉발 요인이나 생각나게 하는 것이 여러분을 불편하게 하거나 안전하지 않은 느낌을 주나요?

소리(예: 큰 목소리, 자동차가 끼익하고 멈추는 소리, 문이 쾅 닫히는 소리)

____

____

사람(예: 낯선 사람, 특정한 행동이나 눈빛 같은 사람들의 특징)

____

____

장소(예: 특정 장소 또는 불편한 장소에 대한 구체적인 정보)

____

____

행동(예: 누군가 갑자기 내 어깨를 만진 것)

____

____

다른 촉발 요인

____

____

감정 촉발 요인을 경험했을 때, 나의 일반적인 반응을 체크해 주세요.

______________ 대항

______________ 도피

______________ 얼어붙기

______________ 복합적

내가 체크한 반응일 때, 나의 몸에서는 어떤 느낌이 드나요?: ______________

____

내가 체크한 반응일 때, 나의 머릿속에서는 어떤 생각이 떠오르나요?: ______________

____

여러분의 반응을 설명하거나 그림으로 그려 보세요.

아동·
청소년용
활동지

촉발 요인, 감정 그리고 반응 깨닫기

다음의 표를 사용하여 여러분의 대항, 도피 또는 얼어붙기 반응을 탐색해 보세요. 먼저, 여러분이 차분한 상태에 있었던 상황부터 떠올려 보세요. 그때 어떤 감정을 느꼈는지, 어떤 생각이 떠올랐는지, 몸이 어떻게 반응했는지 적거나 그려 보세요. 그런 다음 대항, 도피 및 얼어붙기 상황을 떠올려 본 후, 그때 느낀 감정, 생각, 몸의 반응도 적거나 그려 보세요. 이러한 각 상태의 생각과 느낌의 차이점을 확인해 보세요.

	차분한	대항	도피	얼어붙기
상황				
감정				
생각				
신체				

안전 확보하기

안전은 개인의 성장과 발전을 위한 기본적인 삶의 필수조건입니다. 아동 · 청소년이 안전하고 보호받는 환경에 있을 때, 부모와 아동 · 청소년의 일상생활은 예측 가능해집니다. 예를 들어, 대부분의 아동 · 청소년은 매일 익숙한 부모님이 버스 정류장에 나와 있기 때문에 누가 버스 정류장에 나올지 걱정하지 않습니다. 방과 후 일과는 규칙적이고, 아동 · 청소년은 이러한 일과를 '자연스럽게 따라'갑니다. 이렇게 순조로운 일상은 그들을 더 편안하고 안정적으로 느끼게 해 줍니다. 반면, 트라우마를 경험한 아동 · 청소년은 자신의 신체적 안전을 걱정하거나, 일관된 정서적 지지를 받지 못하거나, 일상이 예측하기 어려워 불안을 느낄 수 있습니다. 부모와 치료사는 아동 · 청소년에게 안전에 대한 개념과 안전을 위협하는 요인들을 이해하고 이를 해결하는 건강한 방법을 배우게 하여, 이들이 다시 안전감을 회복하도록 도울 수 있습니다. 또한 부모가 예측 가능한 일과를 정하고 이를 그대로 지켜나갈 때, 아동 · 청소년은 안전감을 더 확실하게 느낄 수 있습니다.

아동·청소년용 활동지

안전 피라미드

피라미드는 하루아침에 지어지지 않았지만, 우리는 하루 만에 '안전 피라미드'를 만들 수 있습니다. 이 활동에서 다양한 색깔을 사용하여 안전의 여러 단계를 표현해 보세요. 피라미드의 아랫부분은 여러분이 가장 안전하다고 느끼는 장소를 설명해 주세요. 예를 들어, 피라미드의 아래쪽에는 '나는 집에서 엄마, 아빠와 함께 게임할 때 가장 안전하다고 느껴.'라고 적고, 피라미드의 위쪽에는 '나는 가족과 떨어진 새로운 장소에 있을 때 불안하다고 느껴.'라고 적을 수 있습니다. 각자의 경험은 다르더라도, 여러분을 안전하게 만드는 것이 무엇인지, 안전감을 위협하는 촉발 요인이 무엇인지를 깨닫는 것이 중요합니다.

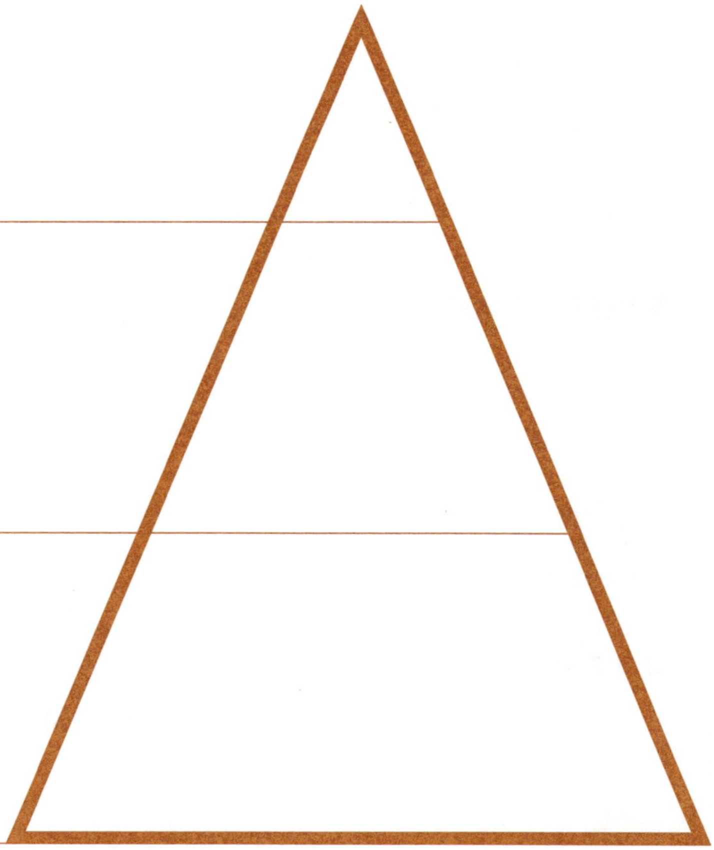

윽! 나는 안전하지 않아요!

아…… 나는 잘 모르겠어요!

나는 안전해요!

아동·
청소년용
활동지

기반 설정하기

기반은 집이나 건물의 기초로, 건물 전체의 무게를 지탱합니다. 중요한 역할인 것 같죠? 우리 모두는 스트레스의 '무게'를 견디는 데 도움이 되는 삶의 기반을 가지고 있습니다. 이 기반은 눈으로 보기 어렵지만 찾아내는 것이 중요합니다. 건물의 기반이 벽돌로 이루어지듯이, 우리의 기반은 대처 기술, 가족 및 친구와의 관계, 행복한 기억, 평화로운 생각, 기쁨을 주는 활동으로 이루어질 수 있습니다. 여러분의 기반은 어떤 모습인가요? 어떤 부분이 다른 부분보다 더 강한가요? 어떻게 하면 여러분의 안전 기반을 더 강하게 만들 수 있을까요?

나를 차분하고 행복하게 만드는 생각 또는 기억:

내가 신뢰할 수 있는 관계:

평온한 나의 모습을 그려 보세요:

나는 좋은 사람입니다. 왜냐하면:

대처 기술들:

내가 관계를 유지하는 방법(예: 그룹 활동, 운동, 동아리, 지역사회 행사):

치료 회기 활동

안전한 장소, 안전한 계획

안전한 느낌은 환경에 따라 달라질 수 있습니다. 이 활동지를 사용하여 여러분이 어디에서 안전하다고 느끼는지 더 명확하게 알아보세요. 그런 다음, 다양한 장소에서 안전한 느낌을 향상시킬 수 있는 계획을 세워 보세요. 치료사, 부모님 또는 다른 신뢰할 만한 어른의 도움을 받아 이 활동을 완료해 보세요.

1단계: 여러분이 안전하다고 느끼는 장소 세 곳을 작성해 보세요.

1. ________________ 2. ________________ 3. ________________

2단계: 안전한 장소에 있는 자신을 그려 보세요. 어디에 있나요? 어떻게 보이나요? 거기에 누가 있나요?

3단계: 안전을 유지하기 위한 계획을 세워 보세요. 표에 적힌 다양한 장소를 살펴보고, 각 장소에서 안전하게 머무를 수 있는 방법과 도움을 줄 수 있는 사람을 작성해 보세요.

	여러분은 무엇을 할 수 있나요?	누가 여러분을 도와줄 수 있나요?
집		
학교		
친구 집		
운동장		
통학버스		
기타: ________________		

치료 회기 활동

안전존, 도전존, 위협존

이 활동에서는 안전존에 있다는 것이 무엇을 의미하는지 예를 들어 설명해 보세요. 안전존은 여러분이 대부분의 시간을 보내고 싶어 하는 장소, 즉 편안한 안식처라고 생각할 수 있습니다. 안전존은 사람마다 다르기 때문에 이 장소가 여러분에게 어떻게 보이고 느껴지는지 설명해 보세요. 그런 다음, 도전존과 위협존도 같은 방식으로 설명해 보세요. 신뢰할 만한 어른 또는 치료사와 함께 이 활동지를 사용하여 각 존에 대한 다양한 시나리오나 실제 경험을 이야기해 보세요. 이 활동은 여러분이 안전, 도전, 위협이 어떻게 느껴지고 어떻게 보이는지 더 잘 파악하는 데 도움이 될 것입니다.

안전존:

예: ______________________________

어떻게 보이나요?: ______________________________

____

어떻게 느껴지나요?: ______________________________

____

도전존:

예: ______________________________

어떻게 보이나요?: ______________________________

____

어떻게 느껴지나요?: ______________________________

____

위협존:

예: ______________________________

어떻게 보이나요?: ______________________________

____

어떻게 느껴지나요?: ______________________________

____

치료 회기 활동

안전한 감정

신뢰할 수 있는 친구 또는 어른들과 편안하게 감정을 나누기 위해서는 우리의 감정이 중요하며 서로 관련이 있다는 것을 이해하고 믿어야 합니다. 가끔, 우리는 우리의 감정을 사소하게 여기며 실제로는 중요하지 않다고 생각할 수 있습니다. 때로는 자신이 느낀 감정에 죄책감을 가져 우리가 느낀 감정을 나누는 것에 주저하게 되기도 합니다. 이 활동에서는 여러분의 감정을 알아보고 그 감정이 왜 중요한지 이해해 볼 것입니다. 이를 통해 여러분은 모든 감정을 더 자신 있게 나눌 수 있게 될 것입니다.

먼저, 지난 한 주 동안 여러분이 느꼈던 다섯 가지 감정을 작성해 보세요. 그 감정을 언제 느꼈는지, 그리고 그 경험이 여러분에게 왜 중요한지 이유를 작성해 보세요.

내가 느낀 감정은……	언제였냐면……	나에게 중요한 이유는……

그런 다음, 이 활동지를 가지고 신뢰할 수 있는 친구나 어른과 이야기를 나누어 보세요. 이야기를 나누기 전과 후에 여러분의 감정을 작성해 보세요.

전	후
• 불안한 • • •	• 자랑스러운 • • •

아동·청소년용 및 부모용 활동지

편안한 감정들, 편안한 나

여러분이 지금 배우고 있는 것처럼, 여러분의 감정은 자신을 이루고 있는 정말 소중하고 중요한 부분입니다. 감정을 인정하고 그 중요성을 깨닫는 것은 여러분의 자존감과 자기이해를 향상시키며, 개인의 안전감을 키우는 데 도움을 줍니다. 감정은 다양한 형태와 크기로 나타나며, 감정은 우리를 편안하게 할 수도 있지만 때로는 불편하게 할 수도 있습니다. 특히, 그 감정이 예상치 못하게 강렬하거나 갑작스러울 때, 우리는 더욱 불편함을 느낄 수도 있습니다. 다음 표에 여러분과 부모님이 과거나 현재 느낀 다양한 감정들을 작성해 보세요. 그런 다음, 그 감정이 편안하게 느껴졌던 상황을 작성해 보세요. 마지막으로, 그 감정이 불편하게 느껴졌던 상황을 떠올려서 작성하는 것에도 도전해 보세요.

감정	편안한 상황	불편한 상황
행복하고 흥분되는	좋은 점수를 받았을 때 미소를 지으며 선생님과 하이파이브를 했다.	프로젝트에서 좋은 점수를 받았을 때 벌떡 일어나 "야호!"라고 외쳤다.

제 3 장
신뢰와 이해 쌓기

신뢰 쌓기

신뢰는 트라우마를 경험한 아동 · 청소년에게 어려운 정서일 수 있습니다. 때때로, 트라우마를 겪은 후에는 다른 사람을 신뢰하는 것이 어려울 수 있습니다. 따라서 그들이 다시 신뢰를 쌓을 수 있도록 도와주는 것이 그들의 회복을 위해 중요합니다. 누군가를 신뢰한다는 것은 여러분이 그 사람과 열린 관계를 맺었다는 뜻입니다. 이는 그들이 여러분에게 신뢰를 보여 주었으며, 그들이 여러분의 행복에 가치를 두고 행동한다는 의미입니다. 진정한 신뢰의 관계에서 사람들은 다양한 감정을 안전하게 드러내고 이야기할 수 있습니다. 이러한 신뢰할 수 있는 관계에는 가족, 부모님, 친구 그리고 지역사회 이웃이 포함될 수 있습니다.

앞으로의 활동들은 아동 · 청소년이 신뢰의 개념을 생각해 보고, 어떻게 신뢰를 높이고 회복할 수 있을지 생각해 보도록 돕습니다. 신뢰는 다른 사람의 행동에 따라 높아지거나 낮아질 수 있으므로, 이 도구들은 아동 · 청소년이 관계에서 기대하는 바를 명확하게 설정하여 그들이 신뢰를 주어야 할 가장 적절한 사람들에게 신뢰를 쌓을 수 있도록 도와줍니다. 또한 이러한 활동은 다른 사람들이 아동 · 청소년의 행복을 진심으로 위한다는 것을 보여 줘 이들의 신뢰를 다시 얻을 수 있는 기회를 제공할 것입니다. 사람들이 실수할 수도 있고, 신뢰를 잃을 수도 있다는 사실을 이해하는 것은 개인의 성장을 촉진하는 장기적인 관계 형성에 중요한 부분입니다.

아동·청소년용 활동지

신뢰의 기본 프로필

이 활동에서는 신뢰가 여러분에게 어떻게 보이고 느껴지는지를 표현하여 신뢰에 대한 나만의 정의를 만들어 볼 것입니다. 이것을 신뢰의 기준으로 삼고, 다른 사람들과 신뢰의 수준이 증가하면 이 활동지를 다시 한번 살펴보세요. 시간이 지남에 따라 신뢰의 정의가 어떻게 변하는지 확인해 보세요.

1. 여러분은 누구를 신뢰하나요?

   가족(들): ______________________

   친구(들): ______________________

   이웃(들): ______________________

2. 신뢰는 어떤 모습인가요? 다른 사람들이 가진 개인적인 특성 중 신뢰와 비슷한 것은 무엇인가요? 예시를 살펴보고, 다음의 상자에 그림으로 그리거나 글로 작성해 보세요(예: 잘 들어주는 것, 의지할 수 있는 것, 존중하는 것).

3. 신뢰는 어떻게 들리나요? 여러분이 상대방을 신뢰한다는 것을 나타내는 말을 글로 작성해 보세요.

   ____

   ____

4. 신뢰는 어떤 느낌인가요? 여러분이 신뢰받고 있다고 느꼈던 순간을 그림으로 그려 보세요.

아동·
청소년용
활동지

신뢰의 수준

우리 삶에서 만나는 사람들 사이에는 다양한 신뢰의 수준이 존재합니다. 어떤 사람은 다른 사람보다 더 신뢰할 수 있는 반면, 어떤 사람은 안전하지 않고, 예측할 수 없거나 낯선 사람이기 때문에 신뢰하기 어렵습니다. 이 활동에서 여러분이 삶에서 만나는 다양한 사람이 신뢰 사다리의 어느 수준에 위치하는지 알아보세요. 먼저, 여러분만의 아이디어 뱅크를 만들어 보세요. 친한 친구, 지인, 선생님, 코치, 부모님, 사촌, 소셜 미디어의 유명인 등 생활 속 다양한 사람의 이름을 작성해 보세요. 그런 다음, 각 이름을 신뢰 수준에 따라 신뢰 사다리에 넣어 보세요.

1단계: 아이디어 뱅크 만들기

친구	가족
1. 2. 3.	1. 2. 3.
선생님	**이웃**
1. 2. 3.	1. 2. 3.
소셜 미디어의 유명인	**마음대로 작성하세요!**
1. 2. 3.	1. 2. 3.

2단계: 신뢰 사다리 만들기

가장 신뢰함

1.

2.

3.

신뢰함

1.

2.

3.

약간 신뢰함

1.

2.

3.

신뢰하지 않음

1.

2.

3.

아동·청소년용 활동지

신뢰의 수준 올리기

누군가와 낮은 신뢰로 관계 맺기를 시작했다고 하더라도, 이 신뢰의 수준이 영원히 지속되는 것은 아닙니다. 신뢰의 수준은 우리와 상호작용하는 사람들의 행동에 따라 변할 수 있습니다. 신뢰의 수준을 변화시키는 데 어떤 것들이 필요한지 구체적으로 생각해 보세요! 먼저, 이 활동에서 다룰 신뢰의 시작 지점과 끝 지점을 선택해 주세요. 예를 들어, '신뢰하지 않음' 수준에서 시작하여 '약간 신뢰' 하는 수준으로 올라갈 수 있습니다. 다음의 선택 항목에 체크해 보세요.

현재 신뢰의 수준	시작 지점		끝 지점
☐	신뢰하지 않음	→	약간 신뢰
☐	약간 신뢰	→	신뢰
☐	신뢰	→	가장 신뢰

이제, 시작 지점에서 끝 지점으로 이동하는 데 필요한 것은 무엇인지 생각해 보세요. 예를 들어, '신뢰하지 않음'에 속한 사람이 '약간 신뢰'의 수준으로 올라가려면 어떻게 해야 하나요? 이 활동은 다양한 신뢰의 수준을 살펴보면서 여러분이 원하는 만큼 여러 번 반복할 수 있습니다.

시작 지점	끝 지점
나의 기대: 신뢰의 수준을 올리기 위해서 무엇이 **필요**한가요?	결과: 신뢰의 수준을 올리기 위해 **무엇을 했나요?**

치료 회기 활동

깨진 신뢰 회복하기

누군가 실수를 해서 여러분의 신뢰가 깨졌다면, 그 사실을 상대방에게 알리는 것이 중요합니다. 다른 사람과 자신의 감정을 이야기하는 것이 항상 쉬운 것은 아니지만, 이러한 어려운 대화를 통해 깊이 있고 진실된 관계를 유지할 수 있습니다. 이 활동에서는 어떤 행동이 여러분의 신뢰를 깨뜨렸는지, 그 행동이 여러분에게 어떤 감정을 일으켰는지, 그리고 그 사람이 어떻게 깨진 신뢰를 다시 회복할 수 있는지 알아보세요. 활동지를 작성한 후에는 작성한 내용을 신뢰할 만한 어른이나 치료사의 도움을 받아 신뢰가 깨진 상대방과 공유할 수 있습니다.

상대방이 한 행동은……

____

____

____

내 기분은…… (원하는 만큼 단어를 적거나 그림을 그릴 수 있습니다.)

____

____

____

신뢰를 다시 회복하려면, 상대방은……

1. ______________________________

2. ______________________________

3. ______________________________

보너스: 이 활동지를 계약서로 바꿔, 아동·청소년과 상대방이 모두 신뢰를 회복하기로 동의하는 서명을 작성해 보세요.

______________________ ______________________

아동·
청소년용
활동지

실수하기

누구나 실수할 수 있고, 그건 당연한 일입니다! 하지만 가끔 다른 사람의 실수로 우리는 그들에 대한 신뢰를 잃기도 합니다. 때로는 잃어버린 신뢰를 회복할 수도 있지만, 어떤 경우에는 영원히 회복되지 않을 수도 있습니다. 이 활동은 용서할 수 있는 실수와 용서할 수 없는 실수에 대한 나만의 기준을 세울 수 있도록 도와줍니다. 먼저, 여러분의 신뢰를 잃어버리게 한 친구나 어른의 행동 몇 가지를 떠올려 보세요. 그런 다음, 다음의 표에 그 행동과 자신의 기분을 간단히 작성해 보세요. 마지막으로, 다음의 점수 척도를 사용하여 그 사람을 용서하는 데 시간이 얼마나 걸렸는지 떠올려 보세요.

1 = 나는 조금 화가 났습니다. 용서하는 데 시간이 조금 걸렸습니다.
2 = 나는 꽤 화가 났습니다. 용서하는 데 시간이 꽤 걸렸습니다.
3 = 나는 매우 화가 났습니다. 용서하는 데 오랜 시간이 걸렸습니다.
4 = 나는 충격을 받았습니다. 용서할 수 없었습니다.

무슨 일이었나요?	기분은 어땠나요?	용서하는 데 시간이 얼마나 걸렸나요? (1~4점 척도)

생각해 보기:

세 번째 칸의 점수는 용서할 수 있는 것과 용서할 수 없는 것을 보여 줍니다. 1~3점은 여러분이 신뢰를 회복할 수 있음을 의미합니다. 4점은 여러분의 신뢰가 깨졌고, 용서할 수 없음을 의미합니다. 여러분에게 4점이었던 경험이 있나요? 그 경험들은 무엇이었나요?

치료 회기 활동

상대방을 판단하지 않는 계약서 만들기

신뢰를 기반으로 한 환경을 만들고 개방적인 대화의 장을 마련하기 위해서는 말하는 사람과 듣는 사람이 서로의 기대를 이해하는 것이 필요합니다. 이렇게 될 때, 대화를 나누는 모든 사람은 편안함을 느끼고 자신감을 가질 수 있습니다. 말하는 사람과 듣는 사람의 관계는 치료사와 아동 · 청소년, 부모님과 아동 · 청소년, 아동 · 청소년과 또 다른 사람과의 관계일 수 있습니다. 말하는 사람과 듣는 사람이 의미 있는 대화를 할 수 있도록 두 사람 모두 다음의 '판단하지 않는 계약서'에 포함할 항목을 체크해 보세요. 또한 빈칸에 각자의 아이디어를 적을 수 있습니다.

판단하지 않는 계약서

내가 말할 때	내가 들을 때
☐ 나는 정보를 완전히 공유할 것입니다.	☐ 나는 방해하지 않겠습니다.
☐ 나는 내가 어떤 감정을 느끼고 있는지 찾아볼 것입니다.	☐ 나는 어떠한 느낌이나 감정도 판단하지 않겠습니다.
☐ 나는 질문에 신중하게 대답할 것입니다.	☐ 나는 대화와 관련된 질문을 하겠습니다.
☐ 나는 듣는 사람의 느낌이나 감정에 대해 추측하지 않을 것입니다.	☐ 나는 말하는 사람의 경험을 판단하지 않겠습니다.
☐	☐
☐	☐
☐	☐

나는 말하거나 들을 때 상대방을 존중하겠습니다.

파트너 A 이름: ______________________________

나는 말하거나 들을 때 상대방을 존중하겠습니다.

파트너 B 이름: ______________________________

참고 사항: 이 계약서는 본 활동 이후에 아동·청소년과 부모의 상호작용을 개선하기 위한 활동으로도 사용할 수 있습니다.

마음을 여는 법 배우기

트라우마를 경험한 후, 아동 · 청소년이 스스로를 보호하기 위해 자신만의 섬에 숨는 것은 흔한 일입니다. 이 섬에서 아동 · 청소년은 자신의 생각과 감정을 혼자만 간직하고, 다른 사람들이 근처 해안으로도 다가오지 못하게 합니다. 이는 아동 · 청소년이 고립되어 안전하다고 느끼게 만들 수도 있지만, 이러한 방법은 신뢰할 만한 친구나 경험과 지식이 많은 어른으로부터의 도움을 받을 수 없게 만듭니다. 섬에 다가오는 것을 허락할 때, 아동 · 청소년은 경험을 공유하고 격려와 지지를 받으며 다른 사람들을 돕는 방법을 배울 수 있습니다. 진정으로 연약함을 드러내는 것은 다양한 감정을 공유하고, 상호작용하고, 솔직한 대화를 하기로 결정했다는 것을 의미하며, 이는 자기성찰과 자기수용을 촉진합니다. 앞으로의 활동들은 아동 · 청소년이 경계태세를 내려놓고 신뢰할 만한 사람들과 열린 마음으로 솔직하게 연약한 모습을 보일 수 있도록 돕습니다. 마음을 여는 법을 배우는 것은 자신의 성장과 자기 이해를 증진하며, 긍정적인 관계를 발전시키는 중요한 첫 단계입니다.

아동·
청소년용
활동지

연약함을 드러내는 법 배우기

연약함을 드러낸다는 것은 내가 최고의 상태가 아닐 때, 신뢰하는 누군가에게 이러한 모습을 보여주는 것을 의미합니다. 이는 우리를 두렵거나 긴장하게 만들 수 있습니다. 신뢰할 만한 친구나 어른들 앞에서 연약한 모습을 편안하게 드러내기 위해서는 연약함에 대한 우리의 두려움을 생각해 보아야 합니다. 여러분이 최고의 상태가 아니었을 때, 즉 연약했을 때를 생각해 보고 활동지에 작성해 보세요. 그런 다음, 이 내용을 신뢰할 만한 친구나 어른들에게 이야기하면 무슨 일이 일어날까 봐 두려운지 생각해 보세요. 그다음으로, 신뢰할 만한 친구들과 어른들이 여러분을 도와줄 수 있다는 것을 확신하고, 이야기를 나눌 사람을 정합니다. 마지막으로 여러분의 이야기를 나눈 후에, 다시 돌아와서 여러분의 경험에 대해 생각해 보세요.

1. 내가 연약했을 때(최고의 상태가 아니었을 때):

____

____

2. 내 이야기를 하면 무슨 일이 일어날까 봐 두렵나요? 다른 사람들이 나를 어떻게 볼 것 같나요? 다른 사람들이 나를 거부할까요?

____

____

3. 기억하기: 우리가 **신뢰하는** 친구들과 어른들은 항상 우리의 편안함을 최우선으로 생각합니다. 그들은 판단하지 않고 도움을 주고 싶어 합니다. **신뢰할 만한** 누군가와 여러분의 이야기를 나누어 보세요.

4. 여러분의 이야기를 나누는 것은 편안했나요?

매우 편안함　　　　편안함　　　　불편함

5. 여러분은 신뢰하는 친구나 어른에게 자신의 이야기를 나눌 수 있는 자신감을 얻었나요?

아주 많이　　　　약간　　　　전혀

치료 회기 활동

연약함을 드러낼 수 있는 힘 기르기

이미 앞의 활동에서 배웠듯이 자신의 생각, 감정 그리고 경험을 솔직하게 나누려면 신뢰와 안전감이 필요합니다. 하지만 현실은 우리가 개방적이고 솔직하게 의사소통할 때 느낄 수 있는 연약함에 대해 항상 준비되어 있는 것은 아닙니다. 이 체크리스트는 여러분이 진솔한 대화를 할 준비가 어느 정도 되었는지 평가하기 위해 사용할 수 있습니다. 여기에는 정답이 없다는 것을 기억하세요. 단지 여러분이 현재의 환경에서 얼마나 안전하다고 느끼는지 확인하는 방법일 뿐입니다.

> 나는 안전하고 신뢰할 수 있는 환경에 있으며,
> 내 생각, 감정 그리고 걱정을 자유롭게 이야기할 수 있습니다.

☐ 매우 동의함 ☐ 동의함 ☐ 보통 ☐ 동의하지 않음 ☐ 매우 동의하지 않음

여러분이 연약함을 드러낼 때 얼마나 편안함을 느끼는지 확인해 보세요. 오늘 여러분의 생각이나 감정을 이야기하기 쉬웠던 이유나 어려웠던 이유는 무엇이었나요?

____

____

____

____

____

치료사 참고 사항: 이 개념이 회기에서 소개된 후, 가정에서 긍정적인 대화 지침을 마련하기 위한 도구로도 활용할 수 있습니다.

아동·
청소년용
활동지

나는 다른 사람들을 어떻게 바라볼까?

인식이란 단순히 우리가 그 사람에 대해 알고 있는 것을 바탕으로 그 사람을 보는 방식입니다. 우리는 아주 적은 정보만을 사용하여 그 사람을 성급하게 판단하기도 합니다. 다른 사람들에 대한 우리의 인식은 사실이 아닐 수도 있지만, 그러한 인식을 토대로 우리가 그들과 어떻게 상호작용할지, 그들에 대해 무엇을 말할지, 그리고 그들을 믿을지 말지를 결정하게 됩니다. 주변 사람들에 대한 새로운 정보를 알게 되면, 우리의 인식은 바뀔 수 있습니다. 그들에게 질문을 하고, 그들의 삶에 관심을 가지고 살펴보면, 우리는 새롭고 중요한 정보를 얻을 수 있습니다. 이 활동에서는 여러분이 다른 사람들을 어떻게 인식하는지 생각해 보세요. 여러분의 집, 지역사회, 학교에서 4명을 선택하세요. 그들의 이름을 적고, 여러분이 그들을 어떻게 인식하는지 작성해 보세요(예: 행복한, 참을성이 없는, 게으른). 마지막으로, 새로운 정보를 얻어서 여러분의 인식을 변화시키는 것에 도전해 보세요. 여러분이 선택한 사람들에 대한 새로운 정보를 얻기 위해 물어볼 수 있는 질문을 생각해 보세요.

이름	인식: 그 사람이 어떻게 보이냐면……	나의 인식을 바꿔 보기: 무엇을 물어볼 거냐면……
1.		
2.		
3.		
4.		

여러분의 인식에 도전할 기회를 가진 후에, 새롭게 알게 된 정보 중 놀라운 점이 있었나요? 이제 이 사람들 중 누구에 대한 인식이 달라졌나요?

아동·
청소년용
활동지

나는 다른 사람들에게 어떻게 보이기를 바랄까?

다른 사람들은 보고 들은 것을 바탕으로 우리를 인식합니다. 우리는 종종 자신이 다른 사람에게 어떻게 보이고 싶은지 생각하지만, 항상 생각대로 되는 것은 아닙니다. 여러분이 원하는 대로 보이고 싶다면, 보이고자 하는 특징들에 초점을 맞추는 것이 중요합니다. 여러분이 다른 사람들에게 보이길 바라는 다섯 가지 특징을 찾아 다음의 구름 속에 적어 보세요. 그런 다음 왜 그렇게 보이고 싶은지, 다른 사람에게 그렇게 보였던 적이 있는지 생각해 보세요.

생각해 보기:

여러분은 왜 이러한 특징들을 선택했나요?

이러한 특징들을 집에서 보였던 적이 있나요?

이러한 특징들을 학교에서 보였던 적이 있나요?

이번 주에 이러한 특징들을 보여 주었나요? 보여 주었다면 또는 보여 주지 못했다면 그 이유는 무엇인가요?

다음 주에는 이러한 특징들을 어떻게 보여 줄 수 있을까요?

공감과 겸손

트라우마를 경험한 이후 회복력을 높이기 위해서는, 신뢰할 만한 친구들 및 어른들과 깊이 있고 지지적인 관계를 맺는 방법을 배우는 것이 중요합니다. 이러한 유대감은 지속적인 사회 · 정서 기술 향상을 위한 치유의 기반을 제공합니다. 관계를 유지하기 위해서는 다른 사람의 감정을 이해하고 때로는 자신이 원하는 것보다 다른 사람이 원하는 것을 우선시하는 능력이 필요합니다. 이러한 능력에는 공감과 겸손이라는 두 가지 특성이 포함됩니다.

공감은 다른 사람의 감정을 이해하고 공유하는 능력으로, 비슷한 상황을 경험해 보지 않았더라도 그 사람을 이해할 수 있는 것입니다. 이는 비슷한 상황을 경험해야만 이해할 수 있는 동정심과는 다릅니다. 트라우마를 경험한 아동 · 청소년은 종종 감정 표현이 자신을 연약하게 만든다고 생각하기 때문에 감정 표현을 피하고 싶어 합니다. 그러나 공감은 다양한 경험에 마음을 열게 만들고, 인간적인 면들이 드러날 수 있게 도와줍니다. 이러한 공감을 키우려면 연습이 필요하며, 겸손해지는 법을 배우는 것도 중요합니다.

겸손한 사람은 사려 깊은 사람이라고 생각될 수 있습니다. 그들은 자신의 능력과 장점에만 집중하지 않고 주변 사람들에게도 관심을 보입니다. 사람들은 겸손할 때, 자신이 잘하는 부분과 부족한 부분을 알고 인정하기 때문에 도움이 필요할 때 도움을 구할 힘이 있습니다. 또한 겸손한 사람은 다른 사람들과 협력하여 일하는 것을 통해 자신의 역량을 키우고 자기주장 능력을 향상시키는 법을 배웁니다. 앞으로의 활동들에서 아동 · 청소년은 자신의 장점과 부족한 부분을 확인하고, 이러한 경험을 통해 다른 사람들과 더 잘 관계 맺는 방법을 배울 것입니다.

겸손하기

겸손이 때로는 약함으로 오해되기도 하지만, 겸손과 약함은 같은 개념이 아닙니다. 겸손하다는 것은 간단히 말해서 자신의 개인적인 장점과 단점을 알고 있다는 것을 의미하며, 이는 필요할 때 도움을 구할 수 있는 힘을 줍니다. '겸손'이라는 단어는 여러분에게 어떤 의미인가요? 다음의 각 원에 겸손의 개념과 관련된 단어나 문장을 작성해 보세요.

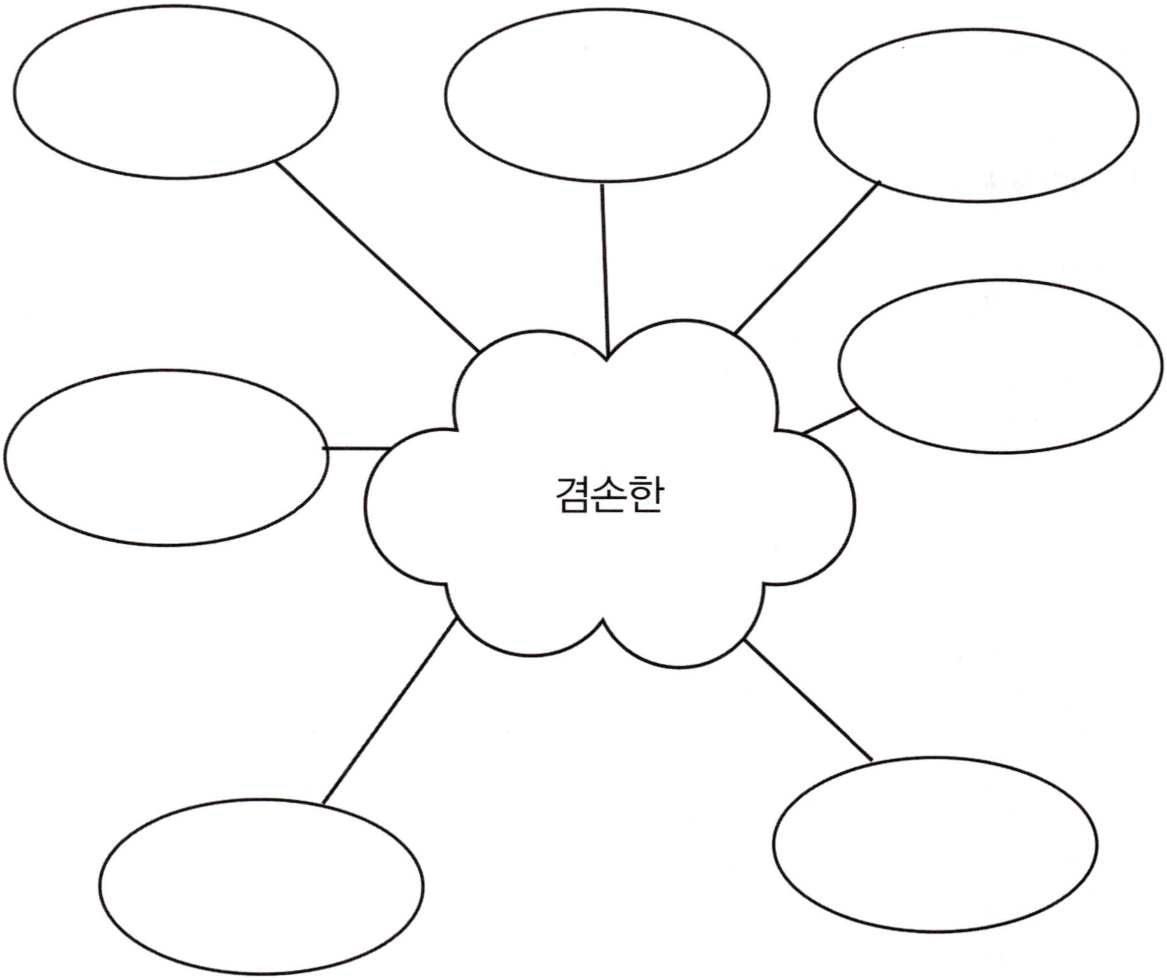

이제, 여러분이 겸손하다고 느꼈던 때를 생각해 보세요. 겸손했던 경험을 통해 배운 것은 무엇인가요?

내가 겸손하다고 느꼈던 때:

____

____

____

이 경험을 통해 배운 것:

____

____

____

아동·
청소년용
활동지

초급, 중급, 상급

모든 사람은 서로 다른 장점과 단점을 가지고 있으며, 능력 수준도 다릅니다. 상급은 한 주제에 관해 거의 모든 것을 알고 있는 전문가입니다. 중급은 어느 정도 기술을 가지고 있지만 아직 배우고 있는 단계입니다. 초급은 이제 막 시작해서 아직 아는 것이 많지 않습니다. 이러한 다양한 수준은 학교뿐만 아니라 모든 환경에 적용될 수 있습니다. 이 활동에서는 신뢰할 만한 친구와 함께 각 분야에서 여러분이 상급, 중급, 초급 중 어디에 속하는지 생각해 보세요. 아이디어 뱅크를 참고하는 것도 좋지만, 자유롭게 나만의 아이디어를 추가해도 좋습니다!

아이디어 뱅크

시간 지키기	다른 사람들과 협력하기	공유하기
의사소통	숙제 끝내기	준비물 챙기기
요리	집안일하기	도와주기
그리기 또는 색칠하기	운동하기	리더 되기

	나의 의견	친구의 의견
상급		
중급		
초급		

생각해 보기:

친구에게 배울 수 있는 건 무엇인가요?

아동·
청소년용
활동지

집에서 겸손하기

누구나 모든 일을 잘할 수는 없습니다. 소셜 미디어에서 보이는 것과 우리가 이상적으로 생각하는 것과는 다르게, 누구나 어려움을 겪습니다. 이러한 어려움은 집, 학교 또는 지역사회에서 일어날 수 있습니다. 겸손해지는 법을 배우면 자신이 잘하는 것과 어려워하는 것을 모두 알 수 있고, 이는 다른 사람들을 공감하는 데 도움을 줍니다. 다음의 상자에 여러분이 집에서 잘하는 것과 괜찮게 하는 것, 어려워하는 것을 글로 적거나 그림으로 그려 보세요.

내가 **잘**하는 것:

내가 **괜찮게** 하는 것:

내가 **어려워**하는 것:

이제, 신뢰할 만한 어른과 여러분의 생각을 공유해 보세요. 그들은 여러분의 생각에 동의하나요?

- ☐ 동의
- ☐ 동의하지 않음

아동·
청소년용
활동지

학교에서 겸손하기

여러분이 집에서 잘하는 것과 괜찮게 하는 것, 어려워하는 것을 생각해 보았으니, 이제 이러한 점들이 학교생활에서는 어떻게 나타나는지 생각해 보세요. 학교에서 여러분이 잘하는 것과 괜찮게 하는 것, 어려워하는 것은 무엇인가요? 이를 글로 적거나 그림으로 그려 보세요.

내가 **잘**하는 것:

내가 **괜찮게** 하는 것:

내가 **어려워**하는 것:

이제, 신뢰할 만한 어른과 여러분의 생각을 공유해 보세요. 그들은 여러분의 생각에 동의하나요?

- ☐ 동의
- ☐ 동의하지 않음

아동·
청소년용
활동지

겸손: 힘을 길러 주는 성찰

겸손하다는 것은 여러분이 모든 일을 잘할 수는 없으며, 때로는 다른 사람의 도움이나 지지가 필요하다는 것을 알고 있다는 의미입니다. 겸손해지는 법을 배우면 주변 사람들과 공감할 수 있고 자신을 이해하는 데 도움이 됩니다. 이 활동에서는 여러분이 겸손하다고 느꼈던 때를 생각해 보세요. 이 경험이 자기 자신을 알게 하는 데 어떤 도움이 되었나요? 예를 들어, 어떤 감정을 느끼게 했나요? 어떤 지지가 도움이 되었나요? 새로 배운 기술이 있었나요? 다른 사람들에 대해 무엇을 배웠나요? 다른 사람들에 대해 어떻게 느꼈고, 다른 사람들이 여러분을 흔쾌히 도와준 것은 무엇이었나요?

나에 대해 알게 된 것:

내가 다른 사람들에 대해 알게 된 것:

제 4 장

다시 경험하기에서 완화시키기로: 자기조절 전략들

감정 조절하기

트라우마를 경험한 아동 · 청소년에게 감정은 위험한 것으로 느껴질 수 있습니다. 신뢰하는 어른들의 일관되지 않은 반응에서 비롯된 것이든, 개인의 트라우마 경험에서 비롯된 것이든, 아동 · 청소년이 자신의 감정을 숨기려고 할 때 다양한 파괴적인 행동이 나타날 수 있습니다. 위협이나 스트레스 상황에 직면했을 때, 아동 · 청소년은 즉각적으로 두려움을 느끼게 되고 이는 무례함, 이탈 또는 파괴적인 행동으로 이어질 수 있습니다. 이러한 행동들은 아동 · 청소년의 본능적인 생존 반응으로 항상 경계하는 상태에 있게 만듭니다. 앞으로의 활동들은 아동 · 청소년이 자기조절 기술을 개발하는 데 첫 단계를 밟을 수 있도록 도와줄 것입니다. 아동 · 청소년은 자신의 감정을 표현할 수 있는 단어를 배우고, 자신의 감정을 알아차리며, 강렬한 감정들을 다루는 법을 배울 것입니다.

아동·청소년 및 부모용 활동지

감정 팔레트

화가들이 자신의 그림을 표현할 때 색상 팔레트를 사용하는 것처럼, 다양한 단어로 감정을 표현하는 감정 팔레트를 만들어 보세요. 감정 단어를 익히면 다른 사람들에게 자신의 감정을 더 잘 전달할 수 있습니다. 부모님이나 신뢰할 만한 어른의 도움을 받아 다양한 감정과 기분을 나타내는 단어들로 감정 팔레트를 만들어 보세요. 그리고 각각의 감정 원 안에는 비슷한 의미를 가진 다른 단어를 추가해 보세요. 예를 들어, 슬픈 감정의 원 안에는 우울한, 속상한, 눈물이 나는 등의 단어를 쓸 수 있습니다. 그런 다음, 해당 감정이 여러분에게 어떤 느낌인지를 나타내는 색깔을 선택하여 각 원을 색칠해 보세요. 나만의 감정 팔레트를 냉장고에 붙이거나 가까운 곳에 두고 살펴보면서 여러분의 감정을 표현할 때 사용해 보세요.

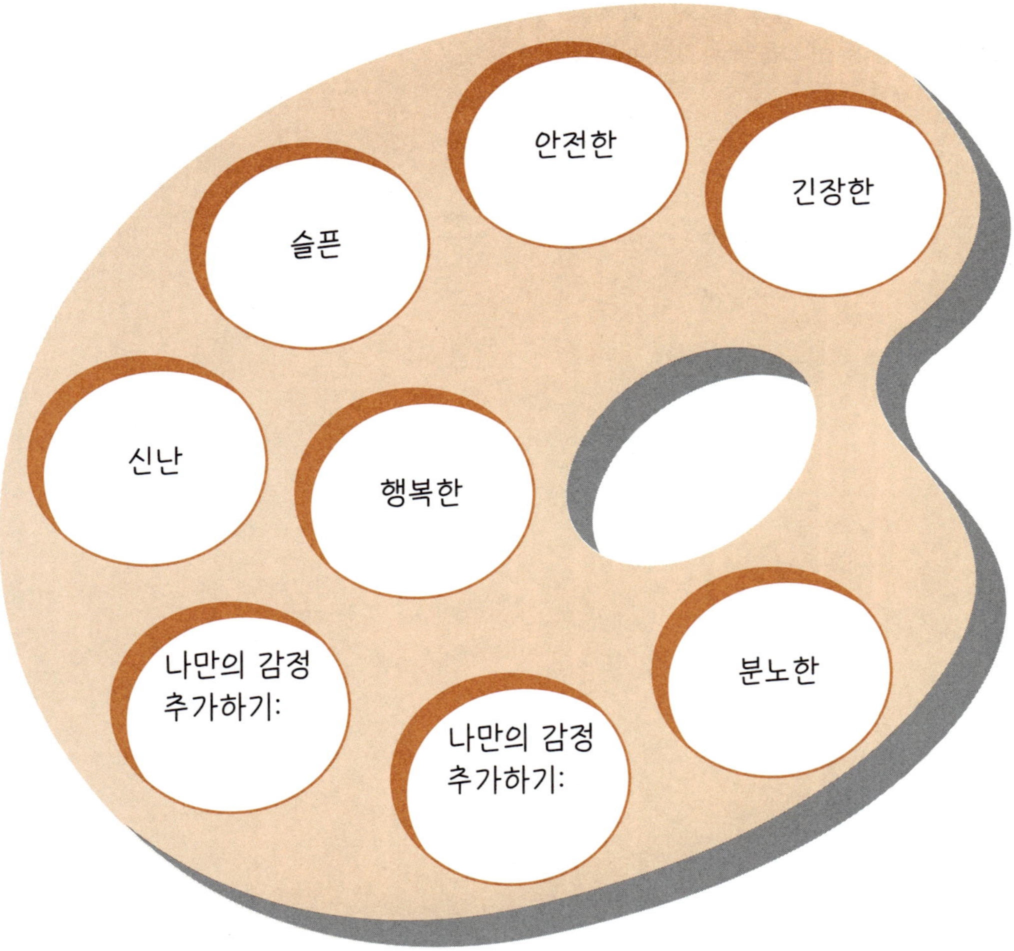

아동·
청소년용
활동지

너는 어떤 기분을 느끼니?

상황이나 사건은 다양한 기분을 느끼게 할 수 있습니다. 기분과 경험은 개인적인 것이기 때문에, 같은 상황을 경험했더라도 사람마다 그 상황에서 느끼는 기분은 다를 수 있습니다. 따라서 자신이 어떤 기분을 느끼는지 표현하는 것이 중요합니다. 이 활동에서 기분을 표현하는 연습을 해 볼 것입니다. 다음의 각 시나리오를 읽고 자신이 느끼는 기분을 이전 활동에서 만든 감정 팔레트에서 찾아 상자에 적어 보세요. 그런 다음, 감정 팔레트에서 찾은 감정 원의 색깔과 같은 색으로 해당 상자를 색칠해 보세요.

새로운 친구를 사귀었을 때:

파티에 초대받았을 때:

새 학기가 시작될 때:

친구나 가족이 나의 입장을 이해하지 못할 때:

다른 사람이 나를 칭찬할 때:

숙제한 것을 잃어버렸을 때:

말다툼할 때:

자전거를 타다가 친구들 앞에서 넘어졌을 때:

시나리오를 추가해 보세요.

시나리오를 추가해 보세요.

시나리오를 추가해 보세요.

시나리오를 추가해 보세요.

아동·청소년 및 부모용 활동지

보디랭귀지

감정은 여러분의 몸과 마음에 다양한 반응을 일으킬 수 있습니다. 예를 들어, 분노나 흥분과 같은 강렬한 감정은 심장을 빠르게 뛰게 하거나 순식간에 여러분의 머릿속을 수많은 생각으로 가득 채워 마음을 바쁘게 만들 수 있습니다. 슬픔은 마음을 혼란스럽게 하고 근육의 움직임을 둔하게 만들 수 있습니다. 이번 활동에서는 각 감정에 따라 여러분의 몸이 어떻게 반응하는지 알아보세요. 다음의 나열된 감정을 살펴보고 각 감정이 주는 느낌의 차이를 설명해 보세요. 활동지를 다 작성한 후에는, 친구나 신뢰할 만한 어른에게 같은 질문을 해 보고, 그들의 반응이 같은지 다른지 살펴보세요. 여러분의 반응은 자신만의 것임을 기억하세요. 맞고 틀린 답은 없지만, 다른 사람들과 비슷한 느낌을 가질 수는 있습니다.

	신난	분노	걱정	슬픔
손은 어떤 느낌인가요? 땀이 나나요, 건조한가요, 차갑나요?				
근육은 어떤 느낌인가요? 긴장했나요, 욱신거리나요, 편안한가요?				
마음은 어떤가요? 혼란스럽나요, 복잡한가요, 지쳤나요?				
심장박동은 어떤가요? 빠른가요, 느린가요, 보통인가요?				
말하는 건 어떤가요? 목소리가 큰가요, 속도가 빠른가요, 느린가요?				
호흡은 어떤가요? 빠른가요, 얕은가요, 편안한가요?				
기타:				

아동·
청소년용
활동지

중요 감정 다루기

어려움에 대처하려면, 자신의 감정을 알아차리고 표현할 수 있어야 합니다. 여러분은 대항, 도피 및 얼어붙기의 상태일 때와 비교하여 차분할 때 어떤 감정을 느끼나요? 느끼는 감정이 다르지 않나요? 다음의 감정 단어들을 각 상자에 분류해서 넣어 보세요. 어떤 감정은 여러 상자에 동시에 들어갈 수도 있습니다.

슬픈	기쁜	부끄러운	좌절한
행복	당황	괴로운	절망한
불안	두려운	당황한	분노한
걱정	충격	실망한	쾌활한
격렬한	무력한	놀란	

차분함

대항

도피

얼어붙기

아동·
청소년용
활동지

두려움에 맞서기

때로는 우리가 상황을 해결할 수 있다는 것을 의도적으로 떠올릴 필요가 있습니다. **"나는 할 수 있다!"**는 것을 기억하세요. 다음의 얼굴 그림에 두려워하는 표정을 그려 보세요. 여러분의 눈과 입은 어떻게 보이나요? 어떤 색깔을 사용할 건가요? 다 그렸다면, 여러분은 두려움을 인정하고 이제 자신감을 가지고 맞설 때입니다. 차분하고 침착하며 자신감 있는 여러분의 얼굴을 그려 보세요. 이것이 바로 여러분이 두려움을 통제할 때의 얼굴입니다. 다음의 표에 두려운 얼굴과 자신감 있는 얼굴일 때 일어날 수 있는 생각, 감정, 행동을 작성해 보세요. 두려운 얼굴에서 벗어나 자신감 있는 얼굴을 보여 주기 위해 여러분은 무엇을 할 수 있나요?

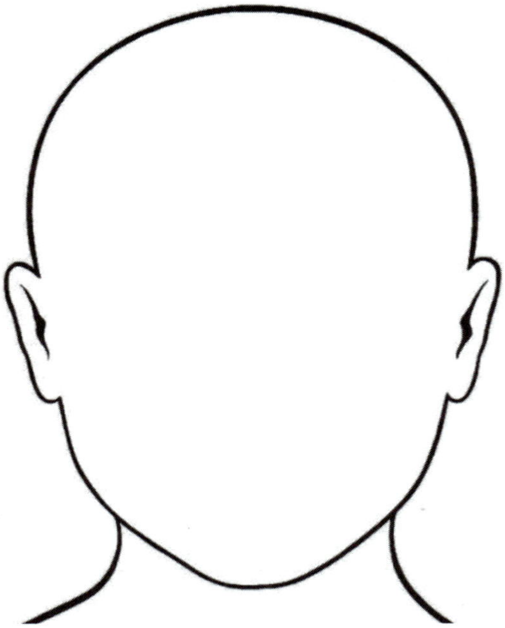

두려운 얼굴

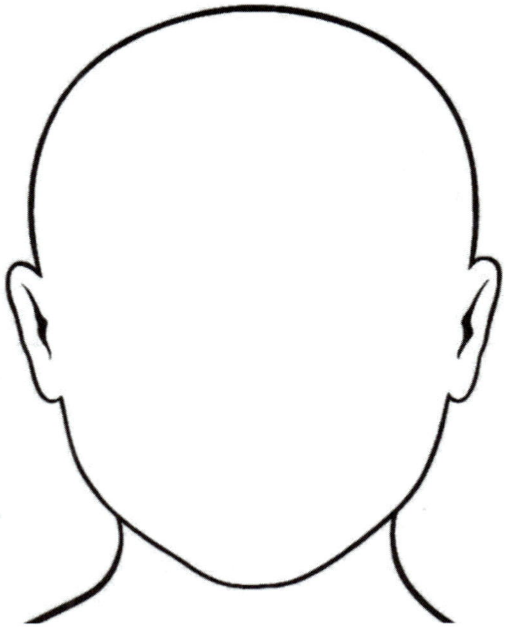

차분하고 침착하며 자신감 있는 얼굴

	두려운 얼굴	차분하고 침착하며 자신감 있는 얼굴
생각		
감정		
행동		

아동·
청소년용
활동지

생각 + 행동 = 감정

우리의 감정은 생각과 행동으로 연결됩니다. 즉, 우리 자신과 세상에 대해 생각하는 방식은 우리의 행동과 감정에 영향을 줍니다. 부정적인 방식으로 생각하고 행동하는 것은 부정적인 감정으로 이어지지만, 긍정적인 방식으로 생각하고 행동하는 것은 긍정적인 감정으로 이어질 수 있습니다. 다음의 상자에 감정으로 연결되는 생각과 행동을 글로 적거나 그림으로 그려 보세요.

생각		행동		감정
	+		=	차분함
	+		=	안전감
	+		=	통제감
	+		=	자신감

대처 기술과 지원

대처 기술은 중요 감정을 다루고, 걱정이나 긴장을 줄이며, 차분한 상태로 돌아가기 위해 사용할 수 있는 방법입니다. 현재의 순간에 집중하기 위한 심호흡이나 마음챙김 등의 몇 가지 대처 기술은 우리에게 도움이 되는 유용한 방법들입니다. 과식이나 감정을 억누르는 것과 같은 다른 대처 방식들은 일시적으로 상황을 나아지게 하는 것처럼 보일 수 있지만, 이는 결국 문제를 회피하거나 주의를 산만하게 하는 방식으로 실제로는 더 많은 스트레스를 일으키기 때문에 건강하지 않습니다.

앞으로의 활동에서 아동 · 청소년은 유용한 대처 기술과 유용하지 않은 대처 기술을 구별하는 방법을 배우고, 스트레스를 다루는 데 도움이 되는 유용한 기술을 생각해 볼 것입니다. 각 아동 · 청소년마다 선호가 다를 수 있으므로, 자신에게 가장 잘 맞는 대처 기술을 찾을 수 있도록 다양한 활동을 제공할 것입니다. 궁극적인 목표는 아동 · 청소년이 유용한 대처 기술을 배우고, 신뢰할 만한 어른에게 도움을 요청하여 자신의 기술을 강화할 수 있는 안전한 공간을 만드는 것입니다.

아동·
청소년용
활동지

대처 기술 탐색하기

대처 기술은 감정을 조절하고 통제하는 데 사용하는 '도구'입니다. 우리는 어려움을 겪거나 속상한 상황에 직면했을 때, 대처 기술을 사용하여 안전하고 차분해지며, 통제력을 되찾을 수 있습니다. 다음의 대처 기술 목록 안에서 여러분이 사용해 본 적 있는 스트레스 대처 기술을 찾아보세요. 대처 기술 목록에 무엇을 더 추가할 수 있나요? 이전에 시도해 본 모든 기술에 동그라미를 치고, 추가로 시도해 보고 싶은 기술을 다양하게 생각해 보세요.

마음챙김	**관계**
• 일기 쓰기 • 창의적인 활동 • 명상 • 긍정적인 마음 갖기 • 게임하기 • 나만의 목록 작성하기: ______	• 친구와 시간 보내기 • 친구에게 전화하기 • 신뢰할 수 있는 어른과 대화하기 • 다른 사람들과 어울리기 • 다른 사람들 돕기 • 나만의 목록 작성하기: ______
신체	**감각**
• 운동 • 스트레칭 • 심호흡/복식 호흡 • 근육 이완 • 뛰기(예: 줄넘기, 트램펄린) • 나만의 목록 작성하기: ______	• 음악 듣기 • 차분해지는 향기 맡기 • 음식이나 음료 마시기 • 피젯 토이[1] 가지고 놀기 • 두꺼운 담요 덮기 • 차분한 장소 떠올리기 • 나만의 목록 작성하기: ______

시도해 보고 싶은 새로운 대처 기술 두 가지를 선택하여 다음 문장을 완성해 보세요.

내가 ______________________ 느낄 때, 나는 차분해지고 나의 감정을 조절하기 위해 ______________________을/를 할 것입니다.

내가 ______________________ 느낄 때, 나는 차분해지고 나의 감정을 조절하기 위해 ______________________을/를 할 것입니다.

1) 역자 주: fidget[(초조 · 지루함 · 흥분 등으로 인해) 꼼지락거리다]+toy(장난감)의 합성어로서, 직역하면 '꼼지락거리며 손으로 가지고 노는 장난감'이다.

아동·
청소년용
활동지

도움이 되는 혹은 도움이 되지 않는 대처 기술

여러분은 힘든 일이 벌어지더라도 대처할 수 있습니다! 그러나 모든 대처 방법이 도움이 되는 것은 아닙니다. 심호흡이나 일기 쓰기와 같은 도움이 되는 대처 기술을 사용하면 감정을 조절하고 여러분의 능력을 최대한 발휘할 수 있습니다. 반대로, 아이스크림을 한번에 많이 먹거나 어려운 시험공부를 피해 버리는 것과 같은 도움이 되지 않는 대처 기술은 빠르게 안도감을 느끼게 하지만, 불편한 상황을 해결하는 데 도움이 되지는 않습니다. 따라서 불편한 상황이나 감정에 대처하고 적절한 방식으로 대응할 수 있도록 긍정적인 대처 기술을 배우는 것은 중요합니다. 다음의 대처 기술들을 확인하고, 해당 기술을 도움이 되는 방식 혹은 도움이 되지 않는 방식으로 사용하는 예를 만들어 보세요.

대처 기술	도움이 되는 방식	도움이 되지 않는 방식
심호흡	예: 갑자기 쪽지 시험을 보게 되었을 때, '장미의 향기를 맡듯이 숨을 들이마시고, 촛불을 불듯이 숨을 내쉬는 호흡법'을 사용하여 몸을 차분하게 만들어 시험에 집중할 수 있게 해 줍니다.	예: 갑자기 쪽지 시험을 보게 되어서 당황했습니다. 호흡이 빨라지기 시작하자, 머리가 어지러워집니다. 시험 보는 것을 피하기 위해 양호실에 가겠다고 말합니다.
친구와 대화하기		
음악 듣기		
피젯 토이 또는 감각적인 물건 가지고 놀기		
나만의 대처 기술:		

치료 회기 활동

대처 기술과 감정 온도계

감정의 강도는 조절이 가능한 약한 정도부터 조절할 수 없는 강한 정도까지 다양합니다. 이러한 다양한 수준의 감정을 조절하기 위해 여러 가지 대처 기술을 사용할 수 있습니다. 치료사의 도움을 받아 다음의 대처 기술 목록을 살펴보고, 이 목록에 또 다른 아이디어를 추가해 보세요. 그런 다음, 감정 온도계를 지침으로 사용하여 각각의 감정 수준에 맞춰 선호하는 대처 기술을 다음의 대처 카드에 작성해 보세요. 이 대처 카드를 간직하여, 집이나 학교에서 감정을 표현하거나 대처 기술을 떠올리기 위해 사용할 수 있습니다.

대처 기술 목록

- 심호흡 연습(예: 촛불 끄기, 풍선 호흡)
- 색칠하기나 미로 찾기 등에 집중하기
- 근육을 긴장시킨 다음 이완하기
- 종이에 적어서 버리기
- 다른 장소에서 휴식 취하기
- 신뢰할 수 있는 어른과 대화하기
- 피젯 토이 가지고 놀기
- '나는 침착하고 차분하다'와 같은 긍정적인 문장 말하기
- 비눗방울 불기
- 기타: ______________________
- 기타: ______________________
- 기타: ______________________

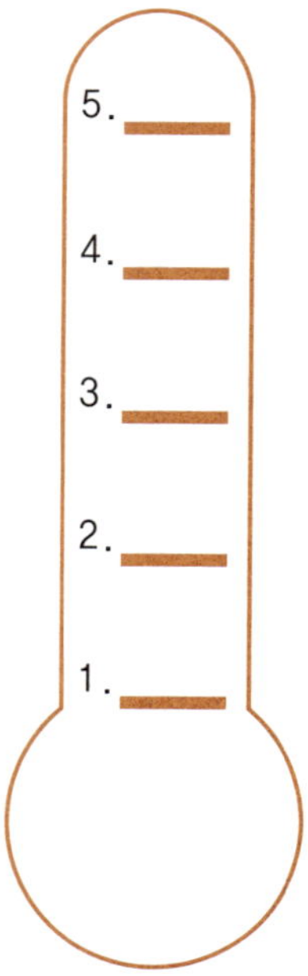

대처 카드	
감정	대처 기술
5. **조절할 수 없어!**	
4. 정말 화가 나!	
3. 신경질 나고 속상해.	
2. 조금 괴로워.	
1. 이 정도는 조절할 수 있어.	

아동·
청소년용
활동지

대처 기술과 유능감

앞선 활동에서 도움이 되는 대처 기술과 도움이 되지 않는 대처 기술을 알아봤으니, 이제 긍정적인 변화를 만들어 볼 시간입니다. 도움이 되는 대처 기술을 사용하면 스트레스 상황에서 벗어나 앞으로 나아갈 수 있습니다. 이제 활동을 해 보겠습니다! 먼저, 다음의 부정적인 감정 목록에서 스트레스를 받을 때 느낄 수 있는 감정 하나를 선택해 보세요. 또는 직접 작성할 수도 있습니다. 그런 다음, 여러분이 원하는 결과를 얻는 데 도움이 되는 긍정적인 대처 기술을 선택하세요. 마지막으로, 그 대처 기술이 여러분에게 어떤 도움을 주었는지 작성해 보세요.

부정적인 감정

슬픔, 분노, 짜증, 피곤함, 죄책감,
외로움, 무기력, 부끄러움, 산만함

긍정적인 대처 기술

휴식 취하기, 음악 듣기,
신뢰할 만한 어른과 대화하기,
호흡에 집중하기, 명상하기, 주의 전환하기

집에서:

나는 ____________________ 을/를 느낄 때,

____________________ 을/를 할 것입니다.

이 대처 기술은 내가 ____________________ 하는 것을 도와줍니다.

학교에서:

나는 ____________________ 을/를 느낄 때,

____________________ 을/를 할 것입니다.

이 대처 기술은 내가 ____________________ 하는 것을 도와줍니다.

지역사회에서:

나는 ____________________ 을/를 느낄 때,

____________________ 을/를 할 것입니다.

이 대처 기술은 내가 ____________________ 하는 것을 도와줍니다.

아동·
청소년용
활동지

나만의 대처 공간 꾸미기

다음의 상자에 나만의 대처 공간을 만들어 보세요. 여러분의 상상력을 발휘하여 휴식을 취하고, 재충전하며, 현재의 순간에 다시 연결될 수 있는 안전한 대처 공간을 꾸며 보세요.

- 나만의 대처 공간은 어디인가요? 집, 학교 또는 다른 장소인가요?
- 이 공간을 어떤 색으로 칠해 주고 싶나요?
- 이 공간에 어떤 종류의 조명을 두고 싶나요 (예: 램프, 자연광)?
- 이 공간에 나에게 안전감을 주는 어떤 물건을 가져다 놓고 싶나요? 장난감, 베개, 게임기, 그밖에 놓고 싶은 물건을 생각해 보세요.
- 이 공간에는 어떤 종류의 가구가 있나요?
- 어떤 종류의 음악이 흘러나오나요?
- 누가 그곳에 있나요?
- 이 안전한 공간에서 어떤 활동을 하고 싶나요?
- 어떤 종류의 향을 원하나요? 예를 들어, 여러분이 좋아하는 향초나 열린 창문을 통해 들어오는 신선한 공기의 향 같은 것을 생각해 보세요.

치료 회기 활동

나의 감각 상자 만들기

우리는 속상하거나 화가 났을 때 또는 스트레스를 받았을 때 대화를 시작하기 어려울 수 있습니다. 이 활동에서는 아동 · 청소년의 마음을 진정시키고, 감정을 조절하여, 의사소통을 시작하는 데 도움을 주는 감각 상자를 만들어 보세요. 치료사와 부모는 아동 · 청소년과 함께 감각 상자를 만들어, 다양한 환경에서 활용해 보세요.

필요한 재료:

- 작은 플라스틱 통 또는 신발 상자
- 쌀 또는 모래
- 작은 물건들(탱탱볼, 쌓기 블록, 작은 장난감)
- 작은 카드, 마분지, 플라스틱 조각

안내:

플라스틱 통 또는 신발 상자를 쌀이나 모래로 채웁니다. 그런 다음, 작은 카드나 조각, 물건들(작은 장난감)에 단어를 쓰거나 이모티콘을 그려서 상자 속에 넣습니다. 아동 · 청소년이 상자를 파헤쳐 무엇을 찾았는지 확인하게 합니다. 아동 · 청소년이 차분하고 불안하지 않을 때 상자를 어떻게 사용하는지 보여 주세요. 아동 · 청소년이 자신이 찾은 물건을 설명하고, 그 물건을 보고 어떤 감정을 느끼는지 말하도록 격려해 주세요. 연령이 높은 아동 · 청소년과의 의사소통을 촉진하기 위해서는 단어나 문장의 앞부분을 적어 주고, 그들이 감정을 설명하거나 문장을 사용하여 이야기해 보도록 격려해 주세요.

감정 아이디어

행복한	짜증 난	평화로운
편안한	화난	피곤한
슬픈	산만한	걱정스러운

문장 아이디어

신뢰할 수 있는 사람의 이름을 말해 보세요.
심호흡을 세 번 하세요.
여러분이 가장 최근에 웃었던 순간은 언제였나요?

치료 회기 활동

나를 평온하게 만드는 로고 그리기

여러분은 스트레스나 좌절감이 최대치에 도달했을 때, 평온함을 유지하기 위해 어떤 활동을 하나요? 우리가 정말 화가 난 상태에서는 최선의 결정을 내리기 어렵기 때문에, 미리 평온함을 유지하는 데 도움이 되는 긍정적인 전략들을 브레인스토밍해 보세요. 그리고 이러한 대처 전략들을 사용했을 때의 모습과 느낌을 떠올리게 해 주는 '나를 평온하게 만드는 로고'를 만들어 보세요.

여러분을 평온하게 만드는 데 도움이 되는 전략은 무엇인가요?

- 신뢰할 수 있는 사람과 대화하기
- 혼자만의 시간 갖기
- 간식 또는 물 마시기
- 운동하며 휴식 취하기(예: 걷기, 뛰기, 스트레칭)
- ______________________
- ______________________
- ______________________
- ______________________

나를 평온하게 만드는 로고

아동·
청소년용
활동지

힘든 날 극복하기

때로는 우리에게 힘든 날이 찾아옵니다. 이러한 힘든 날들은 여러 가지 이유로 발생하지만, 무엇보다 중요한 것은 부정적인 경험의 악순환에 빠지지 않는 것입니다. 앞으로 나아가려면, 힘든 날을 극복하는 법을 배워야 합니다. 이 활동에서는, 먼저 여러분에게 힘든 날이 찾아왔을 때 나의 모습은 어떤지 생각해 보세요. 그런 다음, 힘든 날을 벗어나기 위해 어떤 대처 기술을 사용할 수 있는지, 신뢰할 만한 친구나 어른은 누구이며 어떤 도움을 받을 수 있을지 생각해 보세요.

힘든 날, 나의 모습은:

나의 행동: ______________________________

____

____

나의 감정과 신체 감각: ______________________________

____

____

나의 생각: ______________________________

____

____

기타: ______________________________

____

____

힘든 날을 극복하기 위해:

내가 사용할 수 있는 대처 기술: ______________________

____

____

찾아갈 수 있는 장소: ______________________

____

____

도움을 줄 수 있는 신뢰할 만한 친구들 또는 어른들: ______________________

____

____

기타: ______________________

____

____

아동·
청소년용
활동지

도움의 손길

누구나 힘든 날은 있습니다. 그때 중요한 것은 주변에 도움을 요청할 수 있는 사람이 있다는 사실과 우리가 혼자가 아니라는 사실을 아는 것입니다. 이 활동에서는 여러분이 도움을 요청할 수 있는 사람은 누구인지, 여러분에게 도움을 요청했던 사람은 누구인지 생각해 보세요.

여러분은 누구에게 도움을 요청할 수 있나요?

집	
학교	
지역사회	

누가 여러분에게 도움을 요청했었나요?

집	
학교	
지역사회	

생각해 보기:

여러분이 다른 사람을 도와줄 수 있다고 생각하면 기분이 어떤가요?

행복하다

그저 그렇다

행복하지 않다

아동·
청소년용
활동지

나는 혼자가 아니야

스트레스 상황이나 감정에 압도되었을 때, 우리는 나를 도와줄 사람들이 있다는 사실을 잊어버리기 쉽습니다. 이것을 잊지 않기 위해 여러분이 혼자가 아니라는 것, 그리고 여러분을 도와줄 수 있는 신뢰할 만한 어른들이 있다는 것을 알려 주는 카드를 만들어 보세요. 다음의 카드를 완성하고 꾸민 뒤 잘라 보세요. 그리고 필요할 때마다 이 카드를 읽고, 긍정적인 생각을 되새기며 여러분이 지지받고 있다는 사실을 기억해 보세요.

예: 만약 내가 **압도당하는 느낌**(감정)을 느끼면, **신뢰할 수 있는 어른이나 친구**(지지해 주는 사람)에게 도움을 요청할 수 있습니다.

긍정적인 생각 대처 카드: **나는 사랑받고 있어. 나는 혼자가 아니야.**

나는 혼자가 아니야

만약 내가 ____________________을/를 느낀다면,

나는 ____________________에게 도움을 요청할 수 있어.

긍정적인 생각 대처 카드:

____

____

____

아동·
청소년용
활동지

휴대용 진정 키트

가지고 다니며 사용할 수 있는 휴대용 진정 키트를 만들어 보세요. 작은 상자에 몇 가지 물건을 모아 여행할 때나 다른 장소로 이동할 때 사용할 수 있습니다.

- 마음챙김 호흡을 돕는 아이디어: 바람개비, 비눗방울
- 마음을 진정시키는 아이디어: 색칠 도구, 좋아하는 책, 퍼즐
- 신체를 진정시키는 아이디어: 피젯 토이, 고무줄, 스트레스 볼, 좋아하는 향수
- 감정 표현을 돕는 아이디어: 이모티콘, 감정 온도계

나의 키트

-
-
-
-
-
-
-
-
-
-
-

마음챙김 연습

마음챙김 활동은 우리 주변의 혼란스러움에서 한 걸음 물러나 현재와 연결될 기회를 제공합니다. 이러한 마음챙김 기술들은 바쁘고 정신없는 삶 속에서 우리의 몸과 마음을 점검할 수 있게 하여, 삶의 소용돌이 속에서 우리가 평온한 순간을 찾을 수 있도록 도와줍니다. 앞으로의 활동에서 아동 · 청소년은 자신의 몸과 마음 그리고 감각들과 연결될 수 있는 마음챙김 활동을 배울 것입니다. 주변의 작은 것들에 주의를 기울이거나 호흡을 조절하는 법을 배우면서, 마음을 진정시키는 차분한 마인드셋을 찾아가는 방법을 배우게 될 것입니다. 이번 활동들은 아동 · 청소년이 자신에게 맞는 마음챙김 방법을 찾을 수 있도록 호흡, 그라운딩, 감사 기술을 포함한 다양한 활동을 포함하고 있습니다. 이러한 활동들을 힘들 때 스트레스를 풀고 휴식을 취하는 자신만의 습관으로 만들기 위해 몇 가지 활동을 조합하여 사용할 수도 있습니다.

아동·
청소년용
활동지

파도 호흡

호흡을 조절하는 것은 여러분을 괴롭히는 것들로부터 거리를 두고, 침착함을 유지하게 하는 효과적인 방법입니다. 다음의 파도 호흡 대본을 소리 내서 읽거나 부모님께 읽어 달라고 해 보세요. 대본을 들을 때 여러분이 파도를 탄다고 상상하며, 파도의 움직임을 따라가면서 여러분의 몸과 고요한 마음에 주의를 가져가 보세요. 또한 파도 그림을 색칠해 볼 수도 있습니다.

파도 호흡

파도 위로 올라가며 숨을 들이마십니다.
천천히 숫자를 셉니다.
1, 2, 3.
파도 정상에서 잠시 멈추고,
물 위에서 몸의 균형을 잡은 채 숫자를 셉니다. 4, 5, 6.
파도를 따라 다시 물길을 내려오며
숨을 내쉬고 숫자를 셉니다.
7, 8, 9, 10.

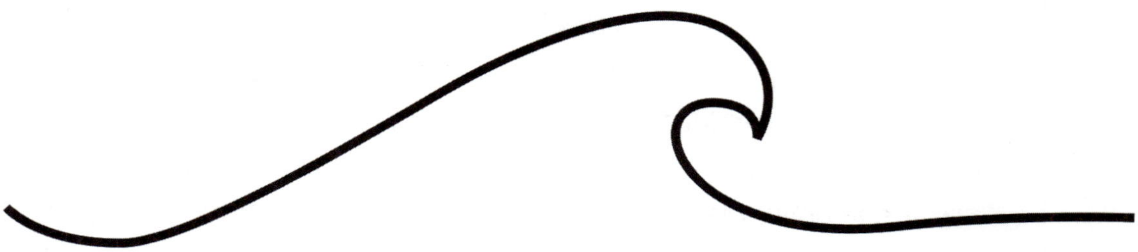

아동·
청소년용
활동지

마음챙김 산

나를 힘들게 하는 감정을 내려놓는다는 것은 늘 어려운 일입니다. 나를 힘들게 하는 감정을 가지고 살아가는 것은 마치 스트레스, 걱정 또는 두려움을 짊어지고 산을 오르는 것과 같습니다. 이것을 내려놓기 위해서는 여러분의 생각과 어려움을 인식하고, 그 과정에서 경험하는 감정 또한 인정해야 합니다. 여러분이 스트레스나 좌절로 어려움을 겪을 때마다 이 활동을 진행해 보세요. 불편한 감정들이 살금살금 다가오기 시작하면, 이 호흡법을 사용하여 모든 것을 내려놓아 보세요.

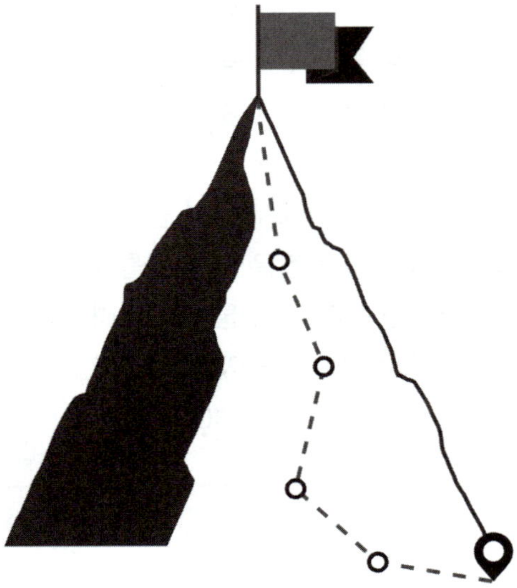

산 호흡

산을 오를 때 숫자를 10까지 세면서 깊게 숨을 들이마시세요.
정상에 도착했을 때 숨을 잠깐 멈추고,
여러분의 삶의 어려움과 그것을 해결하기 위한 나의 노력을 인정하세요.
천천히 숨을 내쉬며 여러분이 자신을 통제하고 있다는 것을 기억하세요.

아동·
청소년용
활동지

그라운딩 대본

그라운딩 기술은 주변 환경에 주의를 집중하여 여러분이 현재 순간과 연결되도록 돕고, 이를 통해 힘든 생각이나 감정에서 벗어나도록 도와주는 간단하고 빠른 활동입니다. 이 활동은 불편감이나 걱정이 시작될 때 사용할 수 있습니다. 다음의 안전 그라운딩 대본을 활용하여, 여러분이 안전하고 평온하게 느끼도록 도와주는 나만의 그라운딩 대본을 만들어 보세요.

안전 그라운딩 대본

5. 신뢰할 수 있는 사람 5명의 이름을 말해 보세요.

4. 안전한 장소 4곳을 말해 보세요.

3. 편안한 감정 3가지를 말해 보세요.

2. 여러분이 더 안전하게 느끼도록 도와주는 대처 기술 2가지를 말해 보세요.

1. "나는 할 수 있다!" 또는 "나는 사랑받고 있다."와 같은 긍정적인 문장 1가지를 말해 보세요.

나만의 그라운딩 대본

5. ______________________________

4. ______________________________

3. ______________________________

2. ______________________________

1. ______________________________

아동·
청소년용
활동지

만다라 색칠하기

만다라는 반복되는 패턴이 있는 원형의 기하학적 도안입니다. 만다라를 색칠할 때 인내심과 집중력이 필요한데, 이는 모두 마음챙김의 요소입니다. 색칠에 집중하는 것은 여러분의 긴장을 풀게 하고, 스트레스를 내려놓게 하며, 현재에 집중하는 데 도움이 됩니다. 색연필, 사인펜, 젤 펜 등을 사용하여 아름다운 만다라를 만들어 보세요. 다양한 색을 활용해 여러분의 창의력을 발휘해 보세요.

아동·청소년용 활동지

마음챙김 만다라

다음의 양식을 사용하여 나만의 만다라를 만들어 보세요. 다양한 모양과 표시, 패턴을 사용하여 각 원 주변에 독특한 디자인을 만들 수 있습니다. 다양한 색상을 사용하여 나만의 멋진 만다라를 만들어 보세요.

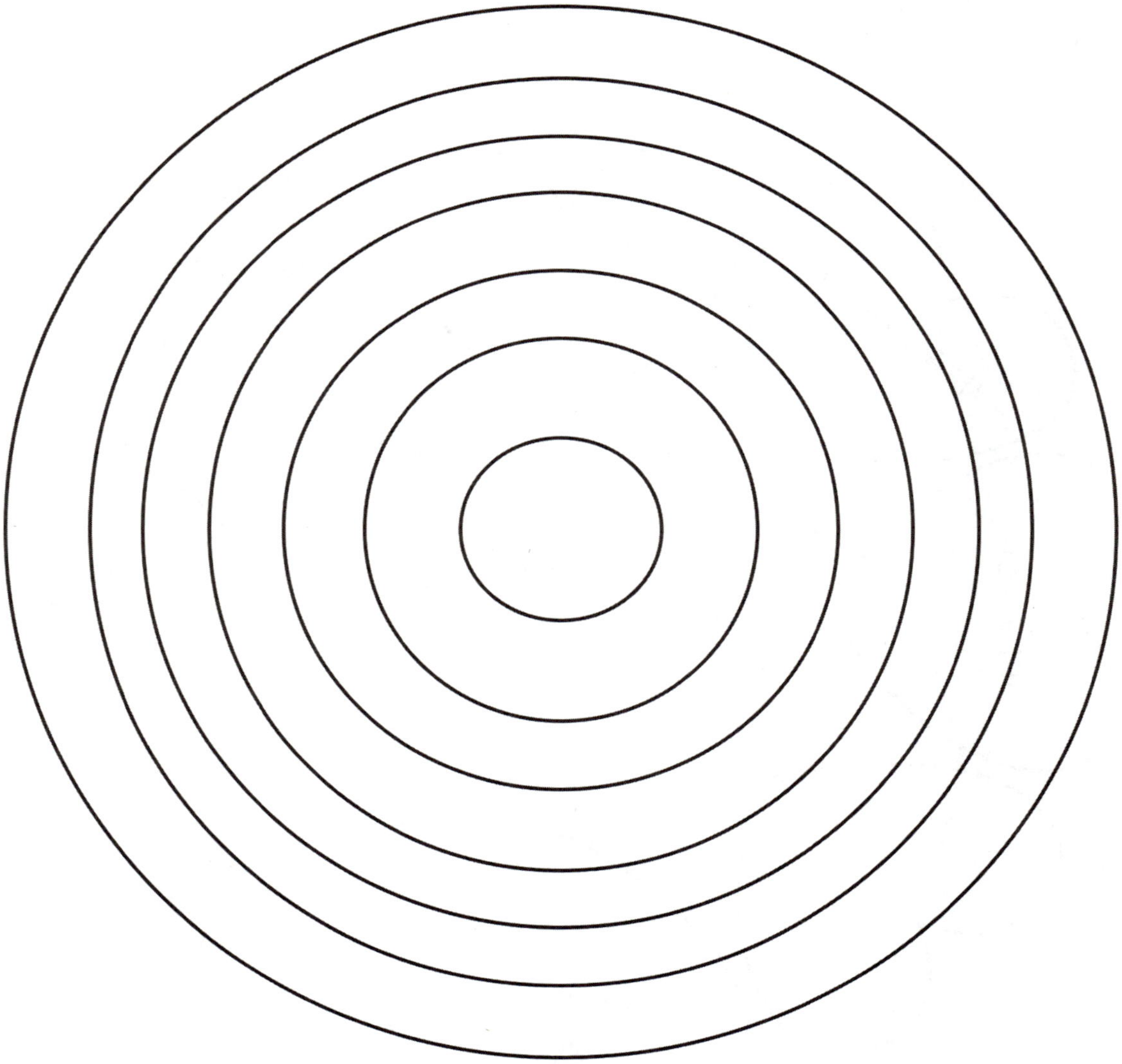

아동·청소년 및 부모용 활동지

사랑의 언어

사람마다 고유한 사랑의 언어가 있습니다. 사랑을 느끼고 표현하는 방식은 매우 다양하기 때문입니다. 부모와 자녀는 서로 다양한 방식으로 사랑을 표현할 수 있습니다. 예를 들어, 자녀는 가족과 함께 놀거나 부모님이 안아 줄 때 사랑을 느낄 수 있습니다. 반면, 부모는 가족이 자신의 기분을 물어봐 주거나 함께 시간을 보낼 때 사랑을 느낄 수 있습니다. 우리가 사랑을 주고받는 방식의 차이를 아는 것은 유대감 향상에 도움을 줍니다. 부모와 자녀는 다음의 하트 모양을 따라가며 각자가 사랑을 느끼거나 표현하는 방식을 작성해 보세요. 중간에 있는 하트 모양에는 가족들의 사랑의 언어 중 공통된 요소를 작성할 수 있습니다.

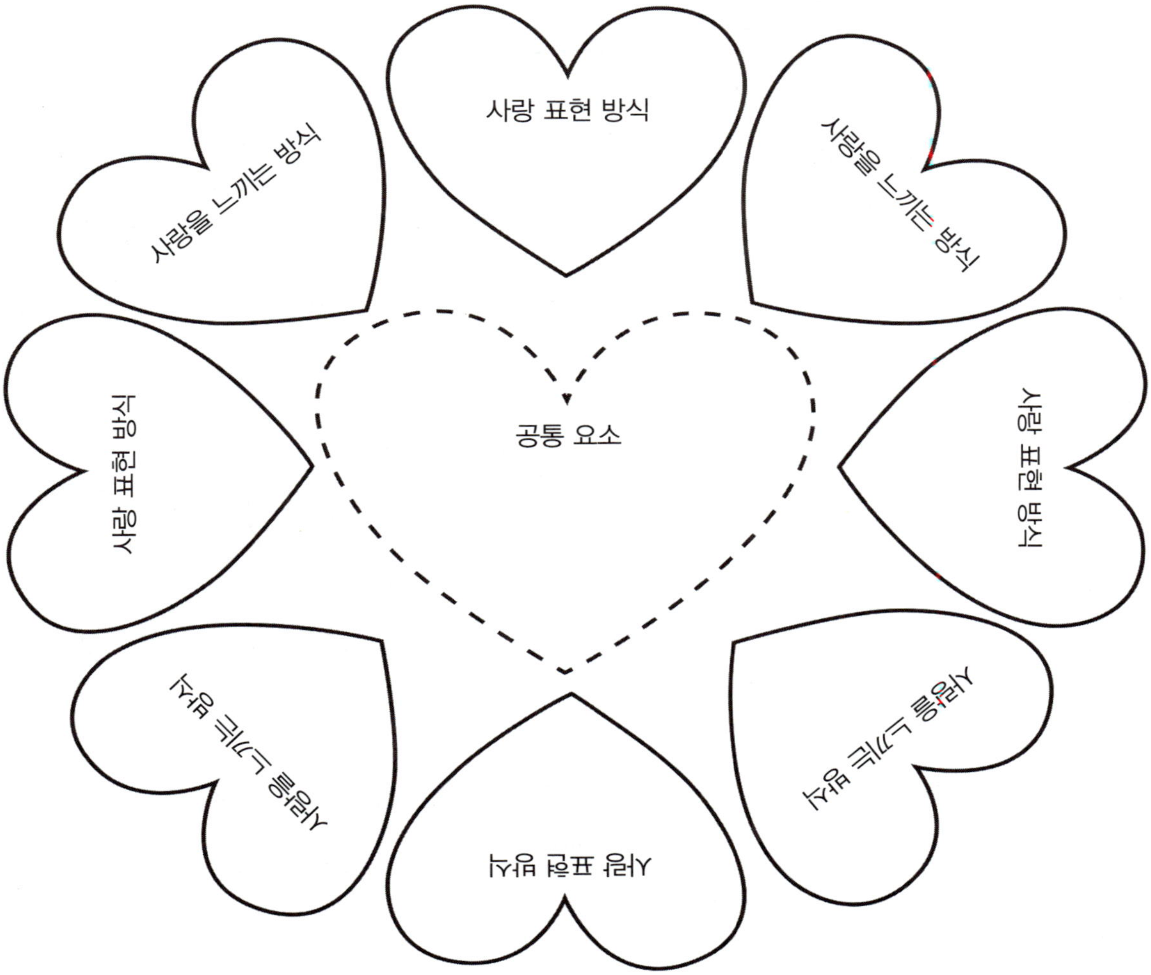

아동·
청소년용
활동지

일일 DJ

음악은 도전이 되는 일을 하기 전에 몸과 마음을 준비시키는 좋은 방법입니다. 적절한 비트는 심장을 두근거리게 하고, 긍정적인 분위기를 만들어 여러분이 하루를 시작하는 데 도움을 줍니다. 마찬가지로 부드러운 음악이나 느린 비트는 여러분의 몸과 마음을 진정시키고, 좌절된 순간에 회복하거나 편안해지도록 도와줍니다. 여러분은 어떤 음악이 필요한가요? 내 안의 DJ를 불러 다음의 '활력을 주는 음악'과 '마음을 편안하게 하는 음악' 플레이리스트를 만들어 보세요.

활력을 주는 음악 TOP 5

이 플레이리스트가 필요한 상황: ____________________

1. ____________________
2. ____________________
3. ____________________
4. ____________________
5. ____________________

마음을 편안하게 하는 음악 TOP 5

이 플레이리스트가 필요한 상황: ____________________

1. ____________________
2. ____________________
3. ____________________
4. ____________________
5. ____________________

아동·청소년 및 부모용 활동지

마음챙김 식사 시간

음식을 탐색하는 것은 감각을 사용하여 일상에서 익숙했던 것을 설명해 보는 재미있는 방법이며, 이는 우리를 현재와 연결되게 도와줍니다. 간식 시간이나 가족과 함께하는 저녁 시간 등 잠깐의 시간을 내어, 여러분의 오감을 모두 사용해 음식을 설명하는 시간을 가져 보세요. 가능한 한 많은 색깔, 냄새, 맛, 촉감과 소리를 작성해 보세요. 그리고 식사에서 관찰한 것을 다른 가족과 함께 이야기해 보세요.

도전: 이후에는 부모님과 함께 마음챙김 요리 시간도 가져 보세요. 여러분이 좋아하는 맛, 냄새, 촉감과 색상은 무엇인지 고민하며 음식을 만들어 보세요. 그런 다음 여러분의 마음챙김 요리를 가족과 함께 나누어 먹으세요!

메뉴: ____________________

시각: ____________________

후각: ____________________

미각: ____________________

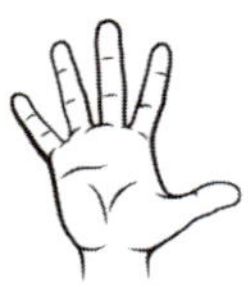

촉각: ____________________

청각: ____________________

아동·
청소년용
활동지

오감으로 맞히기 게임

게임 시간! 오감으로 맞히기 게임은 여러분이 물건을 하나 선택하고, 그 이름을 말하지 않은 채 오감을 사용하여 느낀 점을 설명하면 상대방이 맞히는 게임입니다. 먼저, 함께 놀 수 있는 친구나 가족을 찾아보세요. 그런 다음, 마음속으로 물건을 하나 선택하고 설명해 보세요. 이때 물건의 이름을 말하지 않고, 여러분이 감각으로 느낄 수 있는 것들을 설명해야 합니다. 상대방이 그 물건을 맞힐 수 있는지 확인해 보세요!

이 물건은 무엇일까요?

냄새는: ______________________________

촉감은: ______________________________

소리는: ______________________________

맛은: ______________________________

생김새는: ______________________________

아동·
청소년용
활동지

마음챙김 1분

1분(또는 3분) 동안 마음챙김 게임을 해 보세요! 이 게임은 감정, 대처 기술, 건강한 습관에 대해 쉽게 이야기할 수 있게 도와줍니다. 게임 방법은 간단합니다. 타이머에 1분을 설정하고 다음의 과제를 읽은 뒤 가능한 한 많은 답변을 작성해 보세요. 여러분이 직접 답변을 작성하거나 파트너가 대신 작성할 수도 있습니다. 몇 주 후에 이 과제를 다시 반복해서 여러분이 얼마나 성장했는지 확인해 보세요! 또 친구나 가족이 얼마나 많은 답변을 생각해 낼 수 있는지 도전하는 게임으로도 해 볼 수 있습니다. 누가 더 긴 목록을 만들 수 있을까요?

과제 1: 60초 동안 가능한 한 많은 감정을 쓰세요. 시작!

과제 2: 60초 동안 가능한 한 많은 감정 조절을 위한 대처 기술을 쓰세요. 시작!

과제 3: 60초 동안 가능한 한 많은 건강한 습관을 쓰세요. 시작!

진행 상황을 기록해 보세요! 시도할 때마다 얼마나 많은 답변을 생각해 냈는지 기록해 보세요.

	날짜:	날짜:	날짜:
감정의 수			
대처 기술의 수			
건강한 습관의 수			

제 5 장

얼음 녹이기: 문제 해결을 위한 다양한 길 만들기

마인드셋 매니저

문제를 해결하는 방법에는 여러 가지가 있지만, 모든 방법이 긍정적이거나 유용한 해결 방법은 아닙니다. 효과적으로 문제를 해결하기 위해서는 인내심을 가지고 모든 가능한 선택지를 검토한 뒤, 가지고 있는 정보를 토대로 최선의 결정을 내리는 연습이 필요합니다. 일반적으로 스트레스를 받으면 문제 해결 능력은 떨어집니다. 높은 수준의 스트레스와 부족한 의사 결정 기술은 우리가 잠시 멈추어 상황을 분석하기보다는 오히려 감정적으로 반응하게 만듭니다. 차분하고 편안한 마인드셋을 갖는 것은 아동 · 청소년이 다양한 해결책을 생각해 보게 하고, 각각의 해결책에 따른 결과(좋은 점과 나쁜 점 모두!)를 검토하게 하며, 상황에 맞는 최선의 결정을 내릴 수 있게 도와줍니다. 앞으로의 활동에서는 다양한 문제 해결 마인드셋을 배우고 시나리오를 활용하여 의사 결정 기술을 연습할 것입니다.

아동·
청소년용
활동지

문제 해결 마인드셋

문제를 해결할 준비가 되었나요? 최선의 결정을 내리려면 먼저 우리의 몸이 편안해야 합니다. 우리는 당황하거나 화가 날 때 감정적으로 반응하게 되고, 이는 앞으로 어떤 상황이 펼쳐질지 또는 나의 행동이 어떤 결과를 초래할지 생각하는 능력을 떨어뜨립니다. 우리는 슬프거나 주저하는 마음이 들 때도 문제 해결 능력이 떨어지며, 종종 문제를 피하거나 도망가게 됩니다. 다음의 마인드셋을 살펴보고, 각 마인드셋을 사용했던 경험을 작성해 보세요.

즉각적인 마인드셋

문제를 만났을 때 바로 반응합니다!

즉각적인 마인드셋을 사용했던 경험: ______________________

____

____

지혜로운 마인드셋

다양한 문제 해결 방법과 가능한 결과들을 고려해 계획을 세우고 행동합니다!

지혜로운 마인드셋을 사용했던 경험: ______________________

____

____

회피하는 마인드셋

모든 것이 압도적으로 느껴져, 문제를 모르는 척 무시해 버립니다.

회피하는 마인드셋을 사용했던 경험: ______________________

____

____

아동·
청소년용
활동지

마인드셋 아이콘 만들기

1단계: 각각의 문제 해결 마인드셋(즉각적인, 지혜로운, 회피하는)을 상징하는 아이콘을 만들어 보세요. 나만의 멋진 아이콘을 만들기 위해 색상, 기호 또는 이미지를 사용할 수 있습니다.

즉각적인!	지혜로운.	회피하는…….

2단계: 다음의 예시들을 아래의 마인드셋 표에 적절하게 넣어 보세요. 나만의 예시를 작성할 수도 있습니다.

예:

소리 지르기	친구가 내 감정을 상하게 했을 때 그 친구에게 말하기
갈등 피하기	좌절했을 때 고개 숙이기
화장실에 숨기	불친절한 말을 들었을 때 소리 지르지 않기
도움 요청하기	뜻대로 되지 않을 때 발 구르기

즉각적인	지혜로운	회피하는

아동·
청소년용
활동지

마인드셋 유리병

여러분은 얼어붙는 것 같은 느낌이 들 때 무엇을 하나요? 문제에 직면했지만 어떤 것도 시작하기 어려울 때는 어떻게 하나요? 가끔은 휴식을 취하거나 몇 분 동안 잠시 다른 생각을 한 다음, 다시 돌아와 문제를 해결해 보는 방법도 도움이 될 수 있습니다. 다음 카드의 아이디어들을 살펴보고 나만의 아이디어도 몇 가지 추가해 보세요. 아이디어가 적힌 종이를 마인드셋 유리병(캔, 봉투 또는 가지고 있는 것이 무엇이든지!)에 넣어 보세요. 다음번에 여러분이 어떤 문제에 직면했을 때, 꼼짝 못하고 얼어붙었다고 생각되면, 이 마인드셋 유리병 안에서 카드를 하나 꺼내서 활동한 뒤 다시 돌아가서 문제를 해결해 보세요.

친구에게 수수께끼를 하나 내 보세요. 예: "곰인형이 디저트를 안 먹는다고 했어. 곰인형은 왜 디저트를 거절했을까?" **왜냐면 곰인형의 배는 이미 솜으로 가득 찼기 때문이야.**	문제를 해결해야 하는 장소에서 잠시 떨어져 가능한 한 햇볕이 잘 드는 장소를 찾아가 보세요. 그리고 몇 번의 심호흡을 연습해 보세요. 장미꽃의 향기를 맡듯이 깊게 들이마시고, 촛불을 끄듯이 숨을 내쉬세요.	잠깐의 휴식을 취하세요. 정리 정돈이나 집안일 또는 강아지 산책 시키기와 같은 여러분이 해야 하는 다른 일들 중 한 가지를 먼저 끝내세요.
여러분이 마지막으로 어려운 문제를 해결했던 때를 생각해 보세요. 그때 도움이 됐던 긍정적인 문제 해결 전략 두 가지를 작성해 보세요.	잠깐 밖에서 산책하며 숨을 깊게 들이마셔 보세요. 어떤 냄새가 나나요? 주위를 둘러보고 눈에 보이는 것 세 가지를 말해 보세요.	일어나서 요가 동작 다섯 개를 해 보세요. 다운 독, 아기 자세, 나무 자세, 고양이/소 자세 등이 있습니다.
간식을 준비해 다른 방에서 먹고, 다시 돌아와 문제를 해결하세요.	긍정적인 말을 세 번 반복해 보세요. 예: "나는 이 문제를 해결할 수 있어. 나는 문제 해결사야."	친구에게 수수께끼를 하나 내 보세요. 예: "다리미가 가장 좋아하는 음식은?" **피자**
나만의 아이디어:	나만의 아이디어:	나만의 아이디어:

아동·
청소년용
활동지

파트 1: 문제와 선택

지금까지 배운 것처럼, 여러분이 어떤 마인드셋 유형(즉각적인, 지혜로운, 회피하는)에 있는지에 따라 특정 상황에 따른 반응이 달라집니다. 다음의 시나리오들을 살펴보고 각 유형에 따른 반응을 브레인스토밍해 보세요. 그런 다음, 나만의 시나리오를 하나 만들고, 그 상황에 대한 각각의 마인드셋 반응을 작성해 보세요.

시나리오 1: 선생님은 민수에게 어제 본 시험지를 수정해 오라고 숙제를 내주셨습니다. 민수는 집에 돌아와 시험지를 찾으려고 했는데, 가방은 어질러져 있고 시험지는 없었습니다. 시험지를 찾을 수 없게 되자 민수는 패닉 상태에 빠졌습니다.

☹ 즉각적인 선택

____

____

☺ 지혜로운 선택

____

____

회피하는 선택

____

____

시나리오 2: 철수는 바닥에 시리얼을 쏟아 어질러진 부엌을 청소하고 있었습니다. 그런데 그때, 갑자기 여동생이 강아지를 뒤쫓아 부엌으로 달려오다가 시리얼을 다시 쏟고 말았습니다.

☹ 즉각적인 선택

☺ 지혜로운 선택

회피하는 선택

나만의 시나리오를 만들어 보세요:

즉각적인 선택

지혜로운 선택

회피하는 선택

아동·
청소년용
활동지

파트 2: 문제와 결과

모든 결정에는 결과가 뒤따라옵니다. 아마도 '결과'라는 단어가 여러분에게 무섭게 들릴 수도 있습니다. 그러나 이것은 그저 나의 행동의 영향을 나타내는 말일 뿐입니다. 그 결과는 좋을 수도 있고, 나쁠 수도 있으며, 때로는 그 사이 어딘가일 수도 있습니다. 먼저, 다음의 한 가지 예시를 살펴보고, 그다음 나만의 시나리오를 작성해 보세요. 그리고 각각의 마인드셋에 따른 예상되는 결과를 작성해 보세요.

시나리오: 운동장에서 친구가 나를 괴롭힌다.

즉각적인 선택: 친구에게 소리를 지른다.

결과: 나는 계속해서 화가 나고, 친구도 똑같이 화를 낸다.

회피하는 선택: 아무도 나를 보지 못하게 나무 뒤에 숨는다.

결과: 친구는 내가 상처받았다는 것을 모르고, 나는 다른 친구들과 놀 기회를 놓친다.

지혜로운 선택: 심호흡을 하고, 친구에게 "네가 나를 놀려서 창피했어."라고 말한다.

결과: 나는 긍정적인 방식으로 나의 감정을 표현했다. 나는 친구와의 관계를 이어갈 수 있으며 문제없이 지낼 수 있다.

시나리오: ______________________________

____

즉각적인 선택: ______________________________

결과: ______________________________

____

회피하는 선택: ______________________________

결과: ______________________________

____

지혜로운 선택: ______________________________

결과: ______________________________

____

의사 결정하기

이번 활동에서 아동 · 청소년은 안전한 환경에서 문제 시나리오를 해결하는 연습을 해 볼 것입니다. 의사 결정 기술 연습은 압박감을 느끼는 현실 상황에 대비할 수 있도록 도와줍니다. 아동 · 청소년이 자신의 생각과 감정을 조절할 수 있게 되면, 상황을 이성적이고 논리적으로 판단할 수 있게 되어 최선의 행동을 선택할 수 있습니다. 이러한 논리적인 사고는 결과를 더 잘 예측할 수 있게 하여, 아동 · 청소년이 자신의 개인적인 성장을 위한 최선의 결정을 내리도록 도와줄 것입니다.

아동·청소년용 활동지

내 마음속 영웅의 마인드셋

내 마음속 영웅을 만나 보세요! 이 영웅은 얼어붙은 문제 해결 능력을 녹일 수 있는 초능력을 가지고 있습니다. 다음의 활동지에 조수를 선택하고, 추가적인 초능력과 재미있는 세부 사항을 추가해 영웅 프로필을 만들어 보세요. 그런 다음, 내 마음속 영웅을 그림으로 그려 보세요.

프로필

마스크를 썼나요? 네/아니요

망토를 입었나요? 네/아니요

낮 동안의 직업: ______________________________

좋아하는 색: ______________________________

초능력: • 얼어붙은 문제 해결 능력을 녹일 수 있다! • • • •	**내 마음속 영웅을 그려 주세요:**
영웅의 믿음직한 조수: 이름: 설명: 어려운 문제에 직면했을 때, 믿음직한 조수는 어떻게 여러분이 침착함과 통제력을 유지할 수 있게 도와주나요? (예: 나의 '슈퍼송'을 틀어 줘 기분이 나아지게 한다.)	

아동·
청소년용
활동지

내 마음속 영웅의 마인드셋 작동시키기

여러분과 믿음직한 조수는 방금 영웅 아카데미에 등록한 후, 첫 번째 '문제 해결 기술'에 대한 회의를 준비하고 있습니다. 여러분은 영웅이 된 게 처음이라 약간 긴장되기도 하지만, 초능력이 있기 때문에 할 수 있다는 자신감도 있습니다! 여러분은 회의에 나가기 전, 문제 해결 연습을 하려고 합니다. 다음의 시나리오 중 해결할 시나리오를 하나 선택하세요. 선택한 시나리오에 숨겨진 문제가 무엇인지, 사람들이 무엇을 두려워하는지 확인하고 최선의 해결책을 결정해 보세요.

1단계: 시나리오를 선택하세요.

시나리오 A: 다훈이와 다영이는 부모님에게 장난감이 망가졌다고 말할지 말지 다투고 있습니다. 이 형제에게 어떤 조언을 해 줄 수 있나요?

시나리오 B: 쉬는 시간에 농구를 하다가 시영이와 소미가 우연히 부딪혔습니다. 그 충돌로 인해 공을 놓친 소미는 화를 내며 시영이에게 소리를 지르고 농구를 방해합니다. 소미에게 어떤 조언을 해 줄 수 있나요?

시나리오 C: 나만의 시나리오를 만들어 보세요: ______________________________

____

____

____

2단계: 1단계에서 선택한 시나리오를 활용해 다음 질문에 답해 보세요.

문제를 확인하세요.			
어떤 감정과 관련 있나요?			
실천 가능한 긍정적 행동 한 가지를 작성해 보세요.		이어질 결과를 작성해 보세요.	
실천 가능한 부정적 행동 한 가지를 작성해 보세요.		이어질 결과를 작성해 보세요.	

3단계: 2단계에서 문제 해결 연습을 해 보고 나니, 이제 문제 해결 기술을 실제로 적용하는 데 자신감이 더 생겼나요? 그렇다면 그 이유는 무엇인가요? 또는 아니라면 그 이유는 무엇인가요?

아동·
청소년용
활동지

문제 해결 시나리오

다음의 네 가지 시나리오를 읽고 각 상황에 맞는 문제 해결 마인드셋을 선택해 보세요. 활동지 마지막 부분에 답이 나와 있지만 활동이 끝날 때까지 보지 않도록 노력해 보세요!

시나리오 1: 지아는 여러 친구와 생일 파티에 있었습니다. 지아가 실수로 컵케이크를 바닥에 떨어뜨리자 두 명의 친구가 그 모습을 보고 비웃었습니다. 당황한 지아는 화장실로 달려가서, 심호흡을 몇 번 하고 손을 씻었습니다. 마음이 상한 지아는 눈물을 닦으며, 그 친구들의 행동 때문에 기분이 상했다는 것을 말하기로 결심했습니다.

지아의 문제 해결 마인드셋은 무엇인가요?

A. 즉각적인

B. 지혜로운

C. 회피하는

시나리오 2: 종하는 쉬는 시간에 친구들과 게임을 하고 있었습니다. 게임에서 진 종하는 화가 났습니다. 그래서 "게임 규칙이 그게 아니잖아! 아무도 내 말을 안 들어 줘. 나 이제 게임 안 해!"라고 소리를 질렀습니다. 그리고 공을 던지고 자리를 떠나 버렸습니다.

종하의 문제 해결 마인드셋은 무엇인가요?

A. 즉각적인

B. 지혜로운

C. 회피하는

시나리오 3: 소진이는 거실에서 부모님이 돈 문제로 싸우는 소리를 들었습니다. 소진이는 방에서 숙제를 하려고 했는데, 부모님의 목소리가 너무 커서 집중할 수 없었습니다. 화가 난 소진이는 잠시 음악을 들으며, 엄마가 저녁 식사 시간이라고 불렀을 때 아무 반응도 하지 않았습니다. 소진이는 마음이 진정된 후, 엄마에게 속상했던 마음을 이야기하기로 결심했습니다. 소진이는 엄마에게 가서, 부모님이 다투는 소리를 듣고 슬펐다고 이야기했습니다.

소진이의 문제 해결 마인드셋은 무엇인가요?

A. 즉각적인

B. 지혜로운

C. 회피하는

시나리오 4: 예나는 학교에서 예상하지 못한 수학 시험을 보게 되었습니다. 선생님 입장에서 이 시험은 학생들이 이미 알고 있는 내용을 평가하는 것에 불과했지만, 시험이 시작되자 예나는 점점 집중력이 약해지고 당황하기 시작했습니다. 예나는 시험 문제를 이해하지 못해 화가 났고, 결국 고개를 숙이고 시험 보는 것을 거부했습니다.

예나의 문제 해결 마인드셋은 무엇인가요?

A. 즉각적인

B. 지혜로운

C. 회피하는

정답 1. B, 2. A, 3. B, 4. C

아동·
청소년용
활동지

문제-대응 활동지

여러분 준비됐나요? 차분하게 준비되었다면, 여러분이 현재 경험하고 있는 문제 한 가지를 작성해 보세요. 그런 다음, 파트너와 함께 여러분의 문제에 대응할 수 있는 세 가지 다른 해결 방법을 작성해 보세요. 각 해결 방법에 따르는 결과(영향)도 생각해 본 뒤, 필요하다면 해결 방법을 수정해 보고, 나의 상황에 맞는 최선의 방법을 골라 보세요.

현재 문제:

해결 방법 1:

해결 방법 2:

해결 방법 3:

생각해 보기:

- 이전에 이런 유형의 문제를 해결해 본 적 있나요? 해결해 본 경험이 있다면 어떤 방법이 효과가 있었나요?
- 이전에 이런 유형의 문제를 해결한 사람을 본 적 있나요? 그런 사람을 본 적이 있다면 어떤 방법이 효과가 있었나요?
- 여러분을 도와줄 수 있는 사람이 있나요? 있다면 누구일까요?

나의 상황에서 가장 좋은 해결 방법은 무엇인가요?

나의 문제를 해결하기 위해 나는 ______________________________

____

____

____

____

______________________________ 해결 방법을 선택했습니다.

이러한 해결 방법은 ______________________________

____

____

____

____

______________________________ 부분에서 나에게 도움을 줄 것입니다.

아동·
청소년용
활동지

차분하고 편안한 문제 해결을 위한 생각 활동지

도전적인 상황에 직면했을 때 가장 좋은 방법은 평온함을 유지하는 것입니다. 의사 결정 과정에 도움을 주는 이 생각 활동지를 사용해 보세요. 먼저, 개인적으로 도전이 되는 문제를 하나 찾아보세요. 그런 다음, 다양한 해결책과 그 결과를 생각해 보고 자신의 상황에 가장 적합한 해결책을 선택해 보세요.

1. 문제 확인하기:	
2. 가능한 해결책 A:	가능한 결과:
3. 가능한 해결책 B:	가능한 결과:
4. 가능한 해결책 C:	가능한 결과:

나에게 최선의 해결책은 ______________________________ 이다.

나의 계획은 ______________________________

______________________________ 이다.

내가 도움이 필요하다면, 나는 ______________________ 에게 요청할 것이다.

나는 차분하고 편안하게 문제를 해결하는 사람이야.

변화에 대처하기

변화는 어렵습니다. 변화는 낯설고, 예상치 못했던 것이며 알려지지 않은 영역을 다루는 것이기 때문입니다. 이에 '변화는 어렵다'는 말에 모든 사람이 동의할 것입니다. 사람들은 패턴, 친숙함 그리고 일관성에서 편안함을 느끼기 때문에 무언가 새롭고 다른 것은 물리적인 충격으로 다가옵니다. 변화를 피하는 것은 안전한 환경을 유지하는 방법처럼 보일 수 있습니다. 특히 트라우마를 경험한 아동 · 청소년은 안전을 유지하는 방법으로써 변화를 더욱 피합니다. 그러나 이는 실제로 개인의 성장을 방해할 수 있습니다. 따라서 앞으로의 활동들은 아동 · 청소년이 친숙함에서 벗어나 자신의 잠재력을 최대한 발휘할 수 있도록 도와줄 것입니다.

변화를 향한 여정의 첫 단계는 아동 · 청소년이 달라지기를 원하는 무언가가 있다는 것을 깨닫는 것입니다. 뻔하고 쉽게 들릴 수 있지만, 이 깨달음은 사실 아동 · 청소년이 성장할 준비가 되었다는 것을 보여 줍니다. 변화가 필요하다는 것을 아는 아동 · 청소년은 자신의 결정 또는 행동을 성찰할 수 있고, 자신의 문제를 다루는 더 나은 방법이 있다는 사실을 알고 있습니다. 이러한 깨달음은 아동 · 청소년이 문제 해결을 위한 다양한 대안을 생각해 보고, 다른 방법을 시도하도록 도와줍니다. 새로운 것을 탐구하는 일이 항상 크게 시작될 필요는 없습니다. 작은 변화도 아동 · 청소년의 일상생활에 큰 영향을 미칠 수 있습니다. 중요한 것은 유연하고 역동적인 사고와 내면의 힘을 키우기 위한 변화의 가능성을 여는 것입니다.

아동·
청소년용
활동지

대안 만들기

변화는 자연스러운 일입니다! 그러나 예상하지 못한 변화는 우리를 불안하고 좌절하게 만들며, 우리의 문제 해결 능력에도 부정적인 영향을 미칩니다. 이 활동에서 여러분은 일상생활 속에서 변화를 극복했던 상황을 생각해 볼 것입니다. 그 상황에서 여러분은 어떤 것을 느꼈는지, 또 그 상황을 극복하는 데 어떤 대처 기술을 사용했는지 생각해 보세요. 그런 다음, 예상하지 못한 변화를 만났을 때 여러분이 안전하게 느끼도록 도와줄 수 있는 다양한 대안을 생각해 보세요.

1단계: 여러분의 평소 일상과 변화된 것을 이야기해 주세요.

평소엔 어떤 일이 있나요?	어떤 변화가 생겼나요?

2단계: 이러한 변화가 있을 때 여러분의 기분은 어땠나요?

행복한	걱정스러운	불안한	불안정한
속상한	실망스러운	화난	기타: ________

3단계: 여러분의 기분을 나아지게 하기 위해 사용했던 대처 기술에 동그라미 표시해 보세요.

도움 요청	신뢰할 수 있는 어른과 대화하기	심호흡	그림 그리기
음악 감상	잠시 쉬는 시간 갖기	조용히 앉아 있기	기타: ________

4단계: 대안을 만들어 보세요! 만약 이런 변화가 다시 발생한다면, 변화에 대처하기 위해 여러분이 할 수 있는 세 가지 긍정적인 행동에는 무엇이 있나요?

1. ______________________________

2. ______________________________

3. ______________________________

아동·
청소년용
활동지

한 걸음 앞으로

변화한다는 것은 부담스러울 수 있습니다. 일단 여러분이 변화하기로 결심했다면, 자신을 의심하지 말고 변화를 어떻게 시작할지 결정해야 합니다. 큰 변화는 하루아침에 일어나지 않기 때문에 작게 시작할 필요가 있습니다! 심지어 아주 작은 변화도 미래에 큰 차이를 만들어 낼 수 있습니다. 작은 변화를 관찰하는 것은 여러분이 성장하고 있다는 것을 알게 해 줍니다. 이 활동에서 여러분은 자신의 변화되고 있는 것을 기록해 볼 것입니다. 먼저 여러분의 목표를 작성해 보세요. 그런 다음, 여러분이 그 목표를 달성하기 위해 작은 변화를 만들 때마다 여기에 작성하고 발자국을 색칠해 보세요.

예: 제시간에 학교 도착하기

작은 한 걸음 1: 전날 밤에 옷 골라 놓기

작은 한 걸음 2: 전날 밤에 가방 챙겨 놓기

작은 한 걸음 3: 알람을 5분 일찍 설정해 일어나는 데 더 많은 시간 확보하기

나의 목표: ______________________________

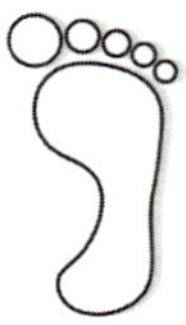

작은 한 걸음 1: ______________________________

____

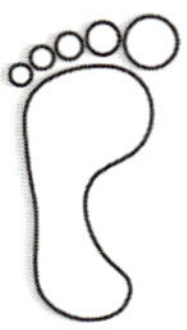

작은 한 걸음 2: ______________________________

____

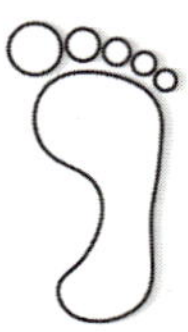

작은 한 걸음 3: ______________________________

____

아동·
청소년용
활동지

나는 이전과 다른 방법을 시도하는 중이야

새로운 것을 두려워하는 마음은 때때로 우리가 이전과 다른 방법을 시도하는 것을 망설이게 합니다. 여러분이 계속해서 성장하고 변화하기 위해선 그 두려움에 정면으로 맞서는 것이 중요합니다. 이 활동에서 여러분이 이전과 다른 무언가를 시도했던 경험을 떠올려 보세요. 어떤 걱정이 들었나요? 어떤 감정을 느꼈나요? 새로운 시도에 따른 좋은 결과와 나쁜 결과에는 무엇이 있었나요?

이전과 다른 방법을 시도했던 경험

나의 생각	나의 감정

좋은 결과	나쁜 결과

다음번에는 무엇을 다르게 해 볼 수 있나요?

아동·
청소년용
활동지

새로운 시도하기

신뢰하는 친구나 어른에게 새로운 것을 시도했던 경험에 대해 배울 시간입니다! 우리는 종종 다른 사람들이 우리와 비슷한 방식으로 경험한다고 믿지만, 실제로는 그렇지 않습니다. 먼저, 새로운 것을 시도했던 경험과 관련해 인터뷰할 신뢰하는 친구나 어른을 선택하세요. 그런 다음, 그들에게 새로운 시도를 했을 때 들었던 걱정과 느꼈던 감정, 새로운 시도의 결과 중 좋은 결과와 나쁜 결과에는 무엇이 있었는지 물어 보세요. 그것을 바탕으로 여러분이 앞으로 새로운 시도를 할 때, 걱정을 줄이기 위해 사용할 수 있는 여러 가지 아이디어를 생각해 보세요.

인터뷰 질문

1. 다르고 새로운 것을 시도했던 경험을 말해 주세요.

2. 어떤 걱정이 있었나요?

3. 그밖에 어떤 감정을 느꼈나요?

4. 걱정을 줄이기 위해 어떻게 했나요?

5. 새로운 시도를 할 때 예상했던 혹은 예상하지 못했던 긍정적인 결과에는 무엇이 있나요?

6. 나쁜 결과나 원하지 않았던 결과에는 무엇이 있나요?

인터뷰 후 생각해 볼 질문:

1. 이 사람의 경험이 여러분의 경험과 어떤 점이 비슷한가요?

2. 이 사람의 경험이 여러분의 경험과 어떤 점이 다른가요?

3. 새로운 것을 시도할 때 여러분의 걱정을 줄이기 위한 아이디어를 작성해 보세요.

아동·
청소년용
활동지

변화 만들기

변화는 어렵습니다. 특히 그 변화가 필요한지 계속 의심이 든다면 변화는 더욱 어렵게 느껴질 것입니다. 종종 변화는 무언가가 제대로 되고 있지 않다는 문제 인식에서 시작되지만, 어떤 부분이 변해야 하는지 완전히 이해하는 데는 시간이 걸릴 수 있습니다. 따라서 이 활동에서 먼저 여러분은 도전이 필요한 분야를 정해 변화가 필요하다는 것을 다짐하며 서명해 보세요. 그런 다음, 이 분야와 관련해 무엇이 문제였는지, 어떤 변화가 필요한지를 찾아 작성해 보세요.

나의 도전 분야는:

☐ 나는 나의 행복을 위해 변화가 필요하다는 것을 알고 있습니다.

____

(서명)

무엇이 문제인가요?

- ____________________
- ____________________
- ____________________
- ____________________

어떤 변화가 필요한가요?

- ____________________
- ____________________
- ____________________
- ____________________

여러분은 어떤 의심을 가지고 있나요? 이러한 의심이 타당한 것(**사실**)인지 변명(**거짓**)인지 생각해 보세요.

의심:	사실인가요, 거짓인가요?
• ______	• ______
• ______	• ______
• ______	• ______
• ______	• ______

아동·
청소년용
활동지

나의 선택 인정하기

매일 우리는 다양한 선택을 해야 합니다. 어떤 선택은 사소하고, 어떤 선택은 중요하기도 합니다. 우리는 종종 선택한 후에 후회하면서 자신을 의심하기 시작합니다. 그러나 이렇게 자신을 의심하는 것은 우리를 무력하게 만들고, 우리가 앞으로 나아가는 것을 방해합니다. 이 활동에서 여러분은 나의 선택을 인정하는 방법을 연습할 것입니다. 먼저, 여러분이 최근에 한 선택에 대해 설명해 주세요. 그런 다음, 이 선택과 관련해 걱정하는 점을 작성해 주세요. 이를 바탕으로 여러분이 걱정하는 최악의 시나리오는 무엇인지 확인하고, 이를 예방하기 위해 무엇을 할 수 있을지 생각해 보세요.

1. 내가 한 선택:

___

___

___

2. 내가 걱정하는 것:

___

___

___

3. 내가 걱정하는 최악의 시나리오:

___

___

___

4. 나는 다음과 같은 방법으로 최악의 시나리오를 예방할 수 있어요:

- 나의 대처 기술 사용하기: ___

  ___

- 나를 지지해 줄 수 있는 사람들에게 의지하기: ___

  ___

- 나의 선택에 자신감을 가질 수 있도록 돕는 긍정적인 구호(또는 말) 반복하기:

  ___

제 6 장
힘 기르기와 자기 돌봄

내면의 나 찾기

지금까지 아동 · 청소년은 정서를 효과적으로 조절하고 문제를 해결하며, 변화에 대처하고, 대인관계 안에서 신뢰와 이해를 쌓기 위한 전략과 기술을 배워 왔습니다. 그동안 이 워크북을 통해 아동 · 청소년은 많은 새로운 것을 배워 왔습니다. 이제 그들이 얼마나 특별한 경험을 하고 있는지 돌아보고, 자신을 더 깊이 알아갈 수 있게 도울 때입니다. 아동 · 청소년은 자신의 삶을 다른 사람들과 비교하는 경향이 있습니다. 이러한 비교는 자신을 더 엄격하게 판단하게 만들고 성장을 방해할 수 있습니다. 앞으로의 활동에서는 아동 · 청소년의 회복탄력성을 키우고 적응력을 높이기 위해 생산적인 마인드셋을 활용하여 그들의 삶과 경험을 보다 현실적으로 생각해 보도록 도울 것입니다. 아동 · 청소년이 그들의 선택, 목표, 행동에 대해 생각해 보도록 돕는 것은 자신에 대해 더 잘 알게 하며 내면의 힘을 기르는 데 기반이 될 것입니다.

아동·
청소년용
활동지

나는 누구?

자신이 어떤 사람인지 배우고 이해하는 것은 사려 깊고, 통제력 있는 삶을 살 수 있게 도와줍니다. 자신에 대해 알아간다는 것은 스스로의 생각과 행동을 비판하지 않고 주의 깊게 생각해 보는 것을 말합니다. 이 활동에서 여러분은 현재의 내 모습뿐만 아니라 미래에 내가 되고 싶은 모습까지 생각해 볼 수 있습니다. 이제 시작해 보세요!

이름:

____

나이:

____

숨겨진 재능:

____

학교에서 내가 가장 잘하는 과목:

____

학교에서 내가 가장 어려워하는 과목:

____

내가 잘할 수 있는 것은:

____

10년 후 나를 생각하면:

____

20년 후 나를 생각하면:

____

신뢰할 만한 어른이나 친구에게 여러분의 생각을 이야기해 보세요. 그들의 반응은 어땠나요?

____

____

아동·
청소년용
활동지

내 삶의 하이라이트 장면

'하이라이트 장면'은 일정 시간 동안 가장 의미 있는 순간들을 살펴보는 것을 말합니다. 하이라이트 장면은 한 사람에게 특별히 주목할 만하거나 중요한 사건입니다. 우리는 소셜 미디어에서 친구와 가족들의 하이라이트 장면들을 쉽게 보게 되며, 이를 보고 그들의 삶을 판단하게 됩니다. 이 활동에서는 지난 한 주 동안 자신이 경험한 중요한 순간들을 하이라이트 장면으로 만들어 보세요. 그리고 그 하이라이트 장면을 왜 다른 사람들과 공유하고 싶은지 생각해 보세요. 지난주에 무슨 일이 있었는지 중요한 순간들을 적어 보거나 그림으로 그려 보세요.

나의 하이라이트 장면	이 하이라이트 장면을 공유하고 싶은 이유는 무엇인가요?

생각해 보기:

여러분은 하이라이트 장면에 긍정적인 사건과 부정적인 사건 중 무엇을 더 많이 공유하는 경향이 있나요?

아동·청소년용 활동지

실제 장면 vs. 하이라이트 장면

우리가 친구나 지인들과 이야기할 때, 그들은 자신의 하이라이트 장면만 공유할 수도 있습니다. 즉, 그들의 삶에서 일어난 멋지고 중요한 일들만 공유하게 되는 것입니다. 그러나 실제 생활에서의 경험을 하이라이트 장면에만 비교할 수는 없습니다. 실제 생활에서의 경험을 하이라이트 장면에만 비교하는 것은 다른 사람들의 삶이 우리 삶보다 낫다는 치우친 관점을 만들고, 우리만 실수하는 사람이라고 생각하게 만듭니다. 실제로는 모든 사람이 '실제 장면'과 '하이라이트 장면'을 가지고 있습니다. 이 활동에서 여러분은 자신의 실제 장면을 만들어 볼 것입니다. 긍정적이든 부정적이든 이번 주에 일어난 네 가지 사건을 솔직하게 공유해 보세요. 그런 다음 이러한 사건이 여러분을 성장시키는 데 어떤 도움이 되었는지 생각해 보세요. 자유롭게 여러분의 경험을 글로 적거나 그림으로 그려 보세요.

이번 주에 무슨 일이 있었나요?	이 사건은 여러분의 성장에 어떤 도움을 주었나요? 예를 들어, 새로운 시도를 해 보거나 친구를 사귀었나요?

신뢰할 만한 어른이나 친구에게 여러분의 경험을 공유해 보세요. 그들도 비슷한 경험이 있었나요?

치료 회기 활동

자기에 대해 알기: 무엇이 중요할까?

우리는 사소하거나 중요하지 않은 문제에 쉽게 휩쓸립니다. 삶에 큰 영향을 미치지 않는 작은 일들에 마음이 사로잡히기도 합니다. 이러한 작은 방해들은 우리의 성공적인 목표 달성에 걸림돌이 될 수 있습니다. 따라서 정말 중요한 일에 집중하는 것이 필요합니다. 치료사나 신뢰할 만한 어른의 도움을 받아 여러분의 삶에서 중요한 것들과 그저 방해되고 중요하지 않은 것들을 구분해 보세요.

나에게 중요한 것은 무엇인가요?	이유는 무엇인가요?
1. ______	1. ______
2. ______	2. ______
3. ______	3. ______

나에게 중요하지 않은 것은 무엇인가요?	이유는 무엇인가요?
1. ______	1. ______
2. ______	2. ______
3. ______	3. ______

앞에서 찾은 중요한 것을 바탕으로 명언 또는 나만의 좌우명을 만들어 보세요.

아동·
청소년용
활동지

자기 모습 받아들이기: 나는 나를 사랑해!

자신의 모습을 받아들이는 것은 내면의 힘을 느끼는 데 중요한 부분입니다. 이것은 바로 **있는 그대로의 나**를 사랑하는 것을 의미합니다. 모든 사람은 강점과 약점을 모두 가지고 있습니다. 그러나 우리에게 결점이 있더라도, 우리는 스스로에게 사랑을 표현해야 합니다. 자신을 잘 이해하고 자신의 모습을 있는 그대로 받아들이는 것은 개인적인 성장과 내면의 힘을 길러줍니다. 이 활동에서 여러분은 최선을 다해 내가 사랑스러운 이유를 찾아보세요.

내가 사랑하는 나 TOP 10

1. __________
2. __________
3. __________
4. __________
5. __________
6. __________
7. __________
8. __________
9. __________
10. __________

신뢰할 만한 어른이나 친구와 함께, 여러분이 사랑스러운 이유를 몇 가지 더 찾아보세요!

- __________
- __________
- __________
- __________

힘 기르기

자기 성찰은 내면의 힘을 기르기 위한 필수 과정입니다. 앞선 내용에서 아동 · 청소년의 개인적인 성장과 회복탄력성을 위해 자신에 대해 아는 방법을 배웠습니다. 이제 아동 · 청소년이 자신의 목표, 필요, 기대 등을 주장할 때 효과적으로 표현하는 방법을 배울 시간입니다. 아동 · 청소년이 명확하게 의사소통하는 것은 자신이 알고 있는 것에 자신감을 가지며, 상호작용하는 사람들에게 기대감을 가지고 있다는 것을 의미합니다.

효과적인 의사소통은 우리가 사용하는 말뿐만 아니라 말을 전하는 **방식**과도 깊은 관련이 있습니다. 또한 효과적으로 의사소통하기 위해서는 우리가 보여 주고 싶은 인상은 무엇이며, 주변 사람들이 이를 어떻게 인식할지도 고려해야 합니다. 따라서 앞으로의 활동들은 아동 · 청소년이 자신의 상호작용 스타일을 확인하고, 가장 효과적인 의사소통 방법을 생각해 보도록 도와줍니다. 또한 이 도구들은 아동 · 청소년이 자신감을 갖고 말할 수 있게 도와주며, 그들의 성장 과정에서 자신을 지지해 주는 신뢰할 만한 친구와 어른들에게 자신의 목표와 전략을 공유하도록 도와줍니다. 이러한 정보를 공유하는 것에 자신감을 갖는 것은 아동 · 청소년이 내면의 힘을 길렀으며, 더 이상 자신의 감정을 숨기지 않고, 변화를 두려워하지 않는다는 것을 보여 줍니다.

치료 회기 활동

효과적인 의사소통: 너무 과한 vs. 적절한

우리는 정보를 전달하기 위해 다양한 의사소통 방식을 사용합니다. **공격적으로 말하는 사람**은 다른 사람에 대한 배려 없이 자신의 욕구와 필요만을 표현합니다. 이들은 '너무 과한' 스타일입니다. 반면, **적극적으로 말하는 사람**은 긍정적인 생각과 부정적인 생각을 개방적이고 직접적인 방식으로 표현할 수 있습니다. 이러한 방식으로 의사소통하면, 대화가 생산적이고 효과적이며 상대방도 존중받는다고 느낍니다. 이들은 '적절한' 스타일입니다. 이 활동에서 다음의 시나리오를 살펴보고 적극적으로 말하는 사람과 공격적으로 말하는 사람의 반응을 비교해 보세요. 어떤 결과가 나타날까요?

시나리오: 부모님이 오늘 밤 여러분이 가장 좋아하는 식당에 가자고 약속했다가 갑자기 갈 수 없다고 취소했습니다. 부모님은 미안하다고 말씀하셨지만, 여러분은 매우 실망했습니다.

'적절한' 스타일의 반응(적극적으로)	'너무 과한' 스타일의 반응(공격적으로)
예: "정말 속상하지만 다음엔 갈 수 있겠죠?"	예: "그건 불공평해요! 엄마 아빠는 항상 계획을 바꾸잖아요!"
'적절한' 스타일의 반응 결과	**'너무 과한' 스타일의 반응 결과**

생각해 보기:

'적절한' 스타일의 반응 결과와 '너무 과한' 스타일의 반응 결과에서 무엇을 알아차렸나요? 어느 쪽이 여러분이 원하는 결과인가요?

치료 회기 활동

효과적인 의사소통: 너무 적은 vs. 적절한

우리는 정보를 전달하기 위해 다양한 의사소통 방식을 사용합니다. **소극적으로 말하는 사람**은 자신의 감정, 욕구, 필요를 말하지 않습니다. 이들은 지나치게 상처를 받거나 기분 나쁜 상황에도 반응하지 않습니다. 이들은 '너무 적은' 스타일입니다. **적극적으로 말하는 사람**은 개방적이고 직접적인 방식으로 긍정적인 생각과 부정적인 생각을 표현할 수 있습니다. 이러한 방식의 의사소통은 생산적이고 효과적이며 듣는 사람들이 존중받는다고 느끼게 합니다. 이들은 '적절한' 스타일입니다. 이 활동에서 다음의 시나리오를 살펴보고 적극적으로 말하는 사람과 소극적으로 말하는 사람의 반응을 비교해 보세요. 어떤 결과가 나타날까요?

시나리오: 한 친구가 여러분이 산 새 신발에 대해 기분 나쁜 말을 했습니다. 여러분은 이 신발을 정말 좋아하기 때문에 친구가 이 신발을 나쁘게 말한다는 것에 기분이 상했습니다.

'적절한' 스타일의 반응	'너무 적은' 스타일의 반응
예: "네가 내 신발을 나쁘게 표현해서 나는 기분 상했어. 난 이 신발을 정말 좋아해."	예: 어깨를 으쓱하며 시선을 피하고, 아무 말도 하지 않는다.
'적절한' 스타일의 반응 결과	**'너무 적은' 스타일의 반응 결과**

생각해 보기:

'적절한' 스타일의 반응 결과와 '너무 적은' 스타일의 반응 결과에서 무엇을 알아차렸나요? 어떤 쪽이 여러분이 원하는 결과인가요?

치료 회기 활동

나의 의사소통 유형은?

여러분이 배운 것처럼, 우리는 다양한 방식으로 주변 사람들에게 우리의 욕구와 필요를 전달할 수 있습니다. 모든 의사소통 방식이 같은 것은 아니며, 일부 방식이 다른 방식보다 대화를 더 생산적으로 만드는 데 효과적입니다. 이 활동에서 여러분은 자신의 의사소통 유형을 되돌아볼 것입니다. 여러분이 다른 사람과 상호작용할 때 보이는 행동과 가장 비슷한 방식에 체크해 보세요. 신뢰할 만한 친구나 어른과 함께 작업하여 그들의 피드백을 받는 것도 여러분에게 도움이 될 수 있습니다.

'너무 적은' 소극적인 의사소통	'적절한' 적극적인 의사소통	'너무 과한' 공격적인 의사소통
☐ 나는 내가 어떤 감정을 느끼는지 알아차리기보단 피한다.	☐ 나는 내가 어떤 감정을 느끼는지 알아차리고 그것을 인정한다.	☐ 나는 가끔 무례하거나 퉁명스러워진다.
☐ 나는 거절이 두렵다.	☐ 나는 다른 사람들이 어떤 감정을 느끼는지 알아차리고 그것을 인정한다.	☐ 나는 다른 사람들의 관점을 받아들이지 않는다.
☐ 나는 비난이 걱정된다.	☐ 나는 내가 세심하고 친절하다고 생각한다.	☐ 나는 다른 사람을 판단한다.
☐ 나는 내 감정을 표현하지 않는다.	☐ 나는 이야기할 때 '나는'이라는 말을 많이 사용한다.	☐ 나는 위협을 느낄 때, 다른 사람들을 무례하게 대한다.
☐ 나는 아무것도 모르는 '바보처럼' 보이고 싶지 않다.	☐ 나는 이야기할 때 재치 있고 언성을 높이지 않는다.	☐ 나는 대화에서 내가 원하는 것만 생각한다.
☐ 나는 틀릴까 봐 두렵다.	☐ 나는 친구들에게 명확한 경계를 설정하고, 적당한 기대감을 갖는다.	☐ 나는 내가 옳다는 것을 증명하고 싶어 한다.
☐ 나는 미성숙하다.		☐ 나는 다른 사람들과 이야기할 때 '너는'이라는 말을 많이 사용한다.
☐ 나는 외로움과 불안감을 느낀다.		☐ 나는 어떤 것도 그냥 넘어가지 않는다.
☐ 나는 항상 내 입장을 이야기하지 않는다.		

여러분의 **'적절한' 적극적인 의사소통** 스타일을 가장 잘 나타내는 그림을 그리거나 단어를 작성해 보세요.

아동·
청소년용
활동지

좋은 인상 주기

우리가 표현하는 방식은 우리가 말하는 내용 그 이상을 포함합니다. 우리의 자세와 목소리 톤은 우리의 인상을 만듭니다. 또 우리가 말하는 내용이 사실이고 중요하더라도, 상황에 적절한 방식으로 말하지 않으면 그 메시지는 전달되지 않을 수 있습니다. 우리가 말하는 방식은 말하는 내용만큼이나 중요합니다. 이 활동에서 여러분은 각 상황에 적절한 정보 전달 방법을 생각해 볼 것입니다. 활동지의 마지막에는 나만의 시나리오를 추가할 수도 있습니다. 여러분이 말할 내용, 목소리 크기와 말투, 그리고 여러분의 자세가 어떻게 보일지 생각해 보세요.

시나리오	기분은 어떤가요?	뭐라고 말할 수 있나요?	목소리 크기와 말투	자세
심야 영화를 보러 가고 싶은데, 부모님이 너무 늦었다고 말한다.	분노, 실망, 불신	"가는 걸 허락해 주실 거라 생각했는데 실망이에요. 이유를 설명해 주실 수 있나요?"	차분한 말투, 보통의 목소리 크기	손을 편안하게 하고, 눈을 적절하게 마주치며 바르게 선다.
집에 위급한 일이 생겨서, 선생님께 이를 말해야 한다.	두려움, 초조함, 속상함			
더 잘할 수 있었는데 시험에서 나쁜 점수를 받았다.				

숙제를 제출했는데, 선생님께서 내가 숙제를 제출하지 않았다고 말씀하셨다.				
나만의 시나리오:				

보너스: 자연스러운 눈맞춤, 편안한 손, 바른 자세 등 최고의 자세를 취한 나의 모습을 사진으로 찍거나 그림으로 그려 보세요. 좋은 인상을 주는 방법을 기억하는 데 도움을 줄 거예요.

아동·청소년용 활동지

나에 관한 모든 것

자신에 대해 아는 것은 자기 표현의 힘을 기르는 데 필수 요소입니다. 여러분은 자신의 강점과 어려움을 알 필요가 있습니다. 또한 여러분의 성취와 목표를 신뢰할 만한 친구나 어른들과 공유하는 것에 자신감을 가지는 것이 중요합니다. 이 활동지를 활용하여 여러분이 가장 잘 알고 있는 주제인 '나'에 대한 발표 자료를 만들어 보세요. 여러분의 발표를 들을 청중을 선택한 다음, 각 칸의 문구를 활용하여 발표할 내용을 생각해 보세요.

청중을 선택하세요: 가족 친한 친구 학교 친구 친척 기타: ____________

내가 잘하는 것은……	나의 숨겨진 재능은……	내가 더 잘하고 싶은 것은……
나에게 맞는 공부 방법은……	내가 괴로워하는 것은……	내가 좋아하는 취미는……
나는 내가 성취한 것을 주로 누구와 이야기하냐면……	도움이 필요할 때, 나는……	여러분의 아이디어를 추가해 보세요!

나 자신과 다른 사람들 돌보기

삶에서는 압도될 정도는 아니더라도 가끔 스트레스가 발생합니다. 가끔은 일을 잠시 멈추고, 소셜 미디어와 전자기기도 잠시 꺼놓고, 서로 함께 있는 시간에 집중할 필요가 있습니다. 앞으로의 활동들을 통해 아동 · 청소년은 자기 돌봄 습관을 들이고, 개인적 목표와 가족 목표 그리고 전반적인 행복을 향해 나아갈 수 있는 에너지를 얻을 수 있습니다. 이 도구들은 아동 · 청소년이 자신의 노력을 인정하고, 에너지를 충전하는 법을 기억하도록 도와줄 것입니다. 마지막으로 이 워크북은 아동 · 청소년과 부모를 위한 자기 돌봄 활동으로 마무리되며, 이는 몸과 마음의 회복력을 강화하는 데 도움이 될 것입니다.

아동·청소년용 활동지

자기 돌봄이란?

자기 돌봄 활동은 긴장을 풀고 에너지를 재충전하기 위한 잠깐의 시간입니다. 매일 자기 돌봄을 실천하는 것은 여러분의 몸과 마음, 정서에 중요합니다. 여러분은 자신을 어떻게 돌보고 있나요? 다음의 자기 돌봄 예시를 살펴보고 여러분의 몸과 마음, 정서를 돌볼 수 있는 방법들을 브레인스토밍해 보세요.

- 친구/가족과 시간 보내기
- 일기 쓰기
- 웃기
- 건강하고 균형 잡힌 식사
- 충분한 수면
- 운동
- 명상
- 독서
- 퍼즐 맞추기

내 몸을 위한 자기 돌봄: 건강한 몸을 유지하기 위한 방법에는 무엇이 있나요?

내 마음을 위한 자기 돌봄: 건강한 마음을 유지하기 위한 방법에는 무엇이 있나요?

내 정서를 위한 자기 돌봄: 건강한 정서를 유지하기 위한 방법에는 무엇이 있나요?

아동·
청소년용
활동지

너는 어떻게 자기 돌봄을 하고 있니?

자기 돌봄 활동은 스트레스 상황에 대비하거나 스트레스 상황이 끝난 후에 긴장을 푸는 데 도움을 줍니다. 어떤 사람들은 산책이나 스포츠처럼 몸을 움직이며 하는 활동의 자기 돌봄을 좋아하고, 어떤 사람들은 명상이나 음악 듣기와 같은 마음챙김 활동을 더 좋아합니다. 다음의 자기 돌봄 설문조사를 해 보고 여러분이 좋아하는 활동을 찾아보세요. 긴 하루의 끝 또는 스트레스를 받은 후에 어떤 활동이 여러분을 편안하게 만들고 에너지를 재충전하는 데 도움을 주나요? 그다음으로는 두 명의 친구나 가족에게 같은 질문을 해 보세요. 여러분은 다른 사람들에게 어떤 활동을 소개해 줄 수 있나요? 또 새롭게 시도해 보고 싶은 활동은 무엇인가요?

가장 좋아하는 휴식 장소:

나: ______________________

인물 #1: ______________________

인물 #2: ______________________

가장 좋아하는 힐링 음식:

나: ______________________

인물 #1: ______________________

인물 #2: ______________________

스트레스를 해소할 때 가장 좋아하는 활동이나 운동:

나: ______________________

인물 #1: ______________________

인물 #2: ______________________

에너지를 재충전할 때 가장 좋아하는 소리 (예: 음악, 자연):

나: ______________________

인물 #1: ______________________

인물 #2: ______________________

힘든 하루를 보낸 후 이야기를 나누기 가장 좋은 사람:	자기 돌봄 활동을 얼마나 자주 실천하나요?
나: ______________	나: ______________
인물 #1: ______________	인물 #1: ______________
인물 #2: ______________	인물 #2: ______________

에너지 재충전이 필요할 때 시도해 볼 수 있는 새로운 아이디어나 활동 세 가지를 작성해 보세요.

1. ______________

2. ______________

3. ______________

아동·
청소년용
활동지

감각을 활용한 자기 돌봄

자기 돌봄을 실천하는 한 가지 방법은 다섯 가지 감각(청각, 미각, 후각, 시각, 촉각)을 활용하는 것입니다. 이 활동지에는 다섯 가지 감각을 활용한 자기 돌봄 활동의 몇 가지 예시가 제시되어 있습니다. 그다음 표에는 나만의 아이디어를 다양하게 생각하여 작성해 볼 수 있습니다. 여러분의 몸과 마음을 돌보기 위해 어떤 활동을 해 봤고, 또 앞으로는 어떤 활동을 해 보고 싶은지 생각해 보세요. 혼자서 또는 신뢰할 만한 사람과 함께 이 활동을 해 보세요!

감각	자기 돌봄 예시
청각	마음을 진정시켜 주는 음악 듣기, 익숙한 목소리 듣기, 오디오북 듣기
미각	좋아하는 음식 먹기, 물이나 차 마시기, 건강한 음식 먹기
후각	신선한 공기 들이마시기, 향초 켜기, 에센셜 오일 향 맡기
시각	좋아하는 TV 프로그램 보기, 독서, 가족 또는 친구 보기
촉각	편안한 담요로 감싸기, 좋아하는 의자에 앉기, 사랑하는 사람 껴안기

감각	나만의 자기 돌봄 아이디어	시도해 본 것	시도할 것
청각			
미각			
후각			
시각			
촉각			

아동·
청소년용
활동지

자기 돌봄 챌린지

여러분의 몸과 마음을 돌보기 위한 다섯 가지 방법을 브레인스토밍해 보고, 이것을 언제 실천할지 계획해 보세요. 그런 다음 자기 돌봄에 도전하세요! 매일, 매주 그리고 매달 자기 돌봄 활동을 계획하고 실천해 보세요.

내 마음을 돌보는 다섯 가지 방법:

1. ______________________
2. ______________________
3. ______________________
4. ______________________
5. ______________________

내 몸을 돌보는 다섯 가지 방법:

1. ______________________
2. ______________________
3. ______________________
4. ______________________
5. ______________________

오늘 자신을 어떻게 돌볼 계획인가요?

나는 ______________________로 나의 마음을 돌볼 거예요.

나는 ______________________로 나의 몸을 돌볼 거예요.

이번 주 자신을 어떻게 돌볼 계획인가요?

나는 ______________________로 나의 마음을 돌볼 거예요.

나는 ______________________로 나의 몸을 돌볼 거예요.

이번 달 자신을 어떻게 돌볼 계획인가요?

나는 ________________________________로 나의 마음을 돌볼 거예요.

나는 ________________________________로 나의 몸을 돌볼 거예요.

확인하기

자기 돌봄의 목표를 달성했나요? 예/아니요

어떻게 하면 일상적으로 자기 돌봄을 실천할 수 있을까요?

아동·청소년 및 부모용 활동지

재충전을 위해 플러그 뽑기

미디어 사용은 힘든 하루를 보낸 후 이를 잊어버리고 편안해지는 쉬운 방법 중 하나입니다. 그러나 장시간의 미디어 사용은 수면을 방해하고, 에너지 소모를 어렵게 만들며, 건강하지 못한 습관을 만들 수 있습니다. 하루 15분 동안, 미디어를 사용하는 것 대신 다른 활동을 해 보는 것에 도전해 보세요. 예를 들어, 보드게임하기, 편지 쓰기, 독서 또는 강아지와 산책하기 등의 활동이 있습니다. 다음 표에 여러분이 선택한 자기 돌봄 활동을 적고, 매일 도전을 완료할 때마다 체크해 보세요.

요일	새로운 활동	해냈어요!
일요일		
월요일		
화요일		
수요일		
목요일		
금요일		
토요일		

미디어 사용 대신 자기 돌봄 활동을 해 본 것은 어땠나요?

어떻게 하면 일상적으로 자기 돌봄을 실천할 수 있을까요?

부모용 활동지

일상적인 것에서 의미 있는 것으로

일상적인 가족 활동은 가족 간 유대감을 형성하고 문제를 해결하며, 협력할 수 있는 상호작용의 좋은 기회입니다. 그러나 우리는 이러한 활동의 이점을 생각하기보단, 그저 단순한 일상으로 여기며 끝내는 것에 집중해 제대로 활용하지 않는 경우가 많습니다. 이번 도전에서는 매주 가정에서 하는 세 가지 활동을 찾아보세요. 그런 다음 하나의 활동을 선택해 가족 중 누구와 함께할 것이며, 각자 어떤 역할을 할지 생각해 보세요. 명확한 역할과 책임을 정하면, 모든 사람이 활동에 참여하는 목적과 이유를 가지게 됩니다. 마지막으로 그 활동을 다시 한번 생각해 보세요. 모두 자신의 역할에 대해 어떻게 느꼈나요?

1단계: 일상적인 주간 활동 세 가지 찾기

- 마트 가서 장보기
- ______
- ______

2단계: 한 가지 활동 선택하기

- ______

3단계: 역할과 책임 분담하기

가족 구성원	역할
예: 부모	예: 마트에서 구입할 물건의 목록 작성하기, 유제품 고르기

4단계: 생각해 보기

활동은 어땠나요? 여러분은 그 역할을 다시 하고 싶나요?

______

______

______

아동·청소년 및 부모용 활동지

감사의 별

감사는 우리가 삶의 긍정적인 면에 집중할 수 있게 도와줍니다. 긍정적인 면은 작더라도 중요하며 우리가 부정적인 면에서 주의를 돌리도록 도와줍니다. 여러분의 삶에는 생각하는 것보다 훨씬 더 많은 긍정적인 면이 있습니다. 이 활동에서는 부모님과 함께 여러분이 무엇에 감사하는지 찾아보세요. 먼저, 감사의 의미를 정의하고, 각자 차례대로 인생에서 감사하게 여기는 것을 담아 감사의 별을 만들어 보세요. 감사의 내용에는 중요한 대인관계와 사건, 추억, 성취 등을 포함할 수 있습니다.

감사의 의미는 무엇인가요?

감사의 의미는……

____

____

여러분은 무엇에 감사하나요?

아동·
청소년용
활동지

'나를 위한 시간' 스케줄

이번 주에 언제, 어떻게 자기 돌봄을 실천했는지 작성해 보세요. 예를 들어, 운동을 했거나 친한 친구와 대화를 나누었을 수도 있습니다. 자기 돌봄 활동을 하기 전과 후의 기분도 작성해 보세요. 이렇게 자기 돌봄 활동을 기록하고 그 영향을 살펴보는 것은 자기 돌봄을 일상적인 습관으로 만드는 데 동기부여가 됩니다. 나를 위한 시간을 보낸 스스로를 칭찬해 주세요!

요일	자기 돌봄 활동 이전에 기분은 어땠나요?	어떤 자기 돌봄 활동을 실천했나요?	자기 돌봄 활동 이후에 기분은 어땠나요?
일요일			
월요일			
화요일			
수요일			
목요일			
금요일			
토요일			

너는 사랑받고 있어

사회 · 정서 기술 향상을 위해 노력한 자신에게 감사의 마음을 전해 보세요!

참고문헌

1 Murphey, D., & Sacks, V. (2018). *The prevalence of adverse childhood experiences, nationally, by state, and by race or ethnicity*. Retrieved from https://www.childtrends.org/publications/prevalence-adverse-childhood-experiences-nationally-state-race-ethnicity

2 Centers for Disease Control and Prevention. (2019). *About adverse childhood experiences*. Retrieved from https://www.cdc.gov/violenceprevention/childabuseandneglect/acestudy/aboutace.html

3 Substance Abuse and Mental Health Services Administration. (n.d.). *Trauma, trauma types, and impact*. Retrieved from https://www.integration.samhsa.gov/clinical-practice/trauma-informed

4 Centers for Disease Control and Prevention. (2019). *About adverse childhood experiences*. Retrieved from https://www.cdc.gov/violenceprevention/childabuseandneglect/acestudy/aboutace.html

5 Center on the Developing Child, Harvard University. (n.d.). *Toxic stress*. Retrieved from https://developingchild.harvard.edu/science/key-concepts/toxic-stress/

6 Bartlett, J., & Sacks, V. (2019, April 10). Adverse childhood experiences are different than child trauma, and it's critical to understand why. *Child Trends Blog*. Retrieved from https://www.childtrends.org/adverse-childhood-experiences-different-than-child-trauma-critical-to-understand-why

7 Substance Abuse and Mental Health Services Administration. (2014). *SAMSHA's concept of trauma and guidance for a trauma-informed approach*. HHS Publication No. (SMA) 14−4884. Substance Abuse and Mental Health Services Administration.

저자 소개

Lisa Weed Phifer

아동 · 청소년에게 다수의 학교 기반 정신 건강 서비스를 제공해 온 존경받는 학교심리학자이다. 이 책은 인지행동치료를 학교 현장에 통합시킴으로써 트라우마를 경험한 아동 · 청소년을 지원하는 데 초점을 두고 있다. 그녀의 저서들 중 『CBT Toolbox for Children & Adolescents』와 『Parenting Toolbox』는 널리 알려져 있으며, 다수의 트라우마 관련 치료에 기여했다.

Laura K. Sibbald

아동 · 청소년과 가족의 사회 · 정서 및 화용 언어 문제를 다루는 언어병리학자이다. George Washington University에서 언어병리학 M.A.를 받았으며, Relationship Development Intervention(RDI), Educational Leadership & Supervision 분야의 자격증을 가지고 있다. 『Parenting Toolbox』의 공동 저자이기도 하다.

역자 소개

김정민(Kim Jung Min)

UC Berkeley 아동발달 & 심리 M.A., Ph.D

현 명지대학교 아동학과 교수
명지대학교 아동가족심리치료연구소 소장
명지대학교 인지행동치료연구소 소장
한국인지행동치료상담학회 학회장
Academy of Cognitive Therapy, Certified Cognitive Therapist
한국아동학회 아동상담전문가
한국인지행동치료학회 인지행동치료전문가
한국상담학회 1급전문상담사(아동청소년상담)
한국인지행동치료상담학회 인지행동상담전문가, 인지행동놀이상담전문가, 아동/부모마음챙김 교육전문가

박은(Park Eun)

명지대학교 일반대학원 아동학과 아동가족심리 치료전공 M.A., Ph.D

현 명지대학교 아동학과 객원교수
한국가족마음챙김연구소 소장
한국인지행동치료상담학회 연구위원장
한국인지행동치료상담학회 인지행동상담전문가, 아동/부모마음챙김교육전문가
청소년상담사, 임상심리사

정효운(Jeong Hyo Un)

명지대학교 일반대학원 아동학과 아동가족심리 치료전공 M.A., Ph.D

현 명지대학교 아동학과 객원교수
마음온실 심리상담센터 소장
한국인지행동치료상담학회 자격위원장
한국인지행동치료상담학회 아동/부모마음챙김 교육전문가
청소년상담사, 임상심리사, 트라우마 전문 상담사

홍채영(Hong Chae Young)

명지대학교 일반대학원 아동학과 아동가족심리 치료전공 M.A., Ph.D

현 명지대학교 아동학과 객원교수
마음온실 심리상담센터 소장
한국인지행동치료상담학회 사례관리위원장
한국인지행동치료상담학회 인지행동상담전문가, 인지행동놀이상담전문가, 아동/부모마음챙김 교육전문가
청소년상담사, 임상심리사

아동 · 청소년의 트라우마 치유를 위한

인지행동놀이치료 워크북 116가지 활동

사회 · 정서 기술 향상 지침서

Trauma-Informed Social-Emotional Toolbox for Children & Adolescents

116 Worksheets & Skill-Building Exercises to Support Safety, Connection & Empowerment

2024년 9월 10일 1판 1쇄 발행
2025년 6월 25일 1판 2쇄 발행

지은이 • Lisa Weed Phifer · Laura K. Sibbald
옮긴이 • 김정민 · 박은 · 정효운 · 홍채영

펴낸이 • 김진환
펴낸곳 • (주) 학지사
04031 서울특별시 마포구 양화로 15길 20 마인드월드빌딩
대 표 전 화 • 02)330-5114 팩스 • 02)324-2345
등 록 번 호 • 제313-2006-000265호

홈 페 이 지 • http://www.hakjisa.co.kr
인스타그램 • https://www.instagram.com/hakjisabook

ISBN 978-89-997-3206-5 93180

정가 17,000원

역자와의 협약으로 인지는 생략합니다.
파본은 구입처에서 교환해 드립니다.